本书为广东省教育厅教育科学"十三五"规划课题
"以家长段位制促家校合作的实践研究——以珠海市夏湾中学为例"
【立项编号：2019YQJK154】研究成果

江学英 主编

# 以家长段位制亲子课程
# 促家校融合的实践研究

东北师范大学出版社

长 春

**图书在版编目（CIP）数据**

以家长段位制亲子课程促家校融合的实践研究 / 江
学英主编 . — 长春：东北师范大学出版社，2021.8
ISBN 978-7-5681-3219-0

Ⅰ.①以… Ⅱ.①江… Ⅲ.①中学—学校教育—合作
—家庭教育—研究 Ⅳ.①G636

中国版本图书馆CIP数据核字（2021）第175081号

---

□责任编辑：石　斌　　　　　□封面设计：言之凿
□责任校对：刘彦妮　张小娅　□责任印制：许　冰

东北师范大学出版社出版发行
长春净月经济开发区金宝街 118 号（邮政编码：130117）
电话：0431-84568115
网址：http：// www.nenup.com
北京言之凿文化发展有限公司设计部制版
北京政采印刷服务有限公司印装
北京市中关村科技园区通州园金桥科技产业基地环科中路 17 号（邮编：101102）
2022年4月第1版　　2022年4月第1次印刷
幅面尺寸：180mm×235mm　印张：15.5　字数：237千

定价：45.00元

# 编　委　会

一

# 序 言

PREFACE

家庭、学校、社会协同育人是推进教育的根本渠道和途径，在落实立德树人根本任务中具有重要的意义和价值。只有充分发挥三方在教育中的独特育人价值和功能，完成三方协同推进教育的运行机制，才能形成教育合力，实现教育效果最大化。

家庭是教育发生的第一场所。真正的教育从来不仅仅是学校的事情，家庭教育发于童蒙，启于稚幼，是孩子性格养成、品行端正的根基。

鉴于家庭教育对于孩子的成长如此重要，我们坚定地认为，有必要、有义务向家长传达与时俱进的教育理念、亲子沟通技巧；我们要与家长一起努力，改变一些原本就存在的根深蒂固的认识。例如，在践行劳动教育中，很多家长有这样的观念："我不要求孩子会做家务，只要学习好就行。"我们用亲子课程、实施亲子劳动课程让家长明白：学习好的孩子将来不一定幸福，而热爱劳动的孩子则早早在心底建立了一个幸福的人生模型。又如，我们倡议家庭教育中要特别重视"闲暇教育"，引导家长意识到：闲暇教育不仅可以帮助学生发展兴趣爱好，找到发展方向，还可以让他们在闲暇时间里进行主动、自主的发展规划，设计符合自己性格与需要的时间规划、作息安排，做到有序生活，感受生活中的美。

像这样的尝试与努力，在广东省珠海市夏湾中学（以下简称夏中）近三年的家校融合实践中有很多。因为我们一直认为，教育应该有的一条原则就是丰富性——给予孩子以及孩子所在的家庭更多的可能，让孩子们能在初中阶段发现自我、追寻自我、展现自我。我们努力为许多外来务工子弟所在的家庭提供更多改变现状、提升家庭生

1

活品质的可能。

所以，我们不仅在夏中校园内，更在八小时的校园外，尽可能地让我们的教育内容、形式丰富起来，让更多的生活气息进入校园课堂，让更多的亲子课程、家庭教育理念进入孩子的家庭。我们鼓励孩子们"放下一切去阅读"，鼓励他们尽可能地多读书，鼓励家长和孩子一起进行亲子共读，并交流读书感受；我们鼓励家长和孩子"放下一切去倾听"，鼓励他们互相写信、互相倾诉心声，写下困惑、难受、委屈，更写下宽容、理解和爱；我们为孩子们、家长们组织过周末职业体验活动、假期主题研学活动、居家美食展、野外考察会……

当然，我们并不期待每门课程、每项活动都能打动每一个孩子、每一个家庭。我们只期待把这个美好世界的各个侧面尽可能地展现给这些外来务工家庭及其孩子，让他们在这些只属于自己的时刻，展现孩子单纯、天真、善良、热情、乐观、开朗的天性，展现家长没有将孩子留在老家做留守儿童的不离不弃、讨生活的艰难及在一切不容易中坚持对孩子的关注、热爱和对家校融合的支持。

欣慰的是，三年家校融合的努力，三年亲子课程的实施，在身处具有地域和文化差异的情境下，我们夏中学子能理解并欣赏不同理念与观点，知道如何与其他背景的人交流，并坚信可以通过自己的行动，肩负起积极影响自己生活和周围世界的责任。这，就是我们实施家长段位制、推行亲子课程的初心与最终目的——让每一个孩子，都在爱与智慧中成长；让每一个家庭，都拥有更多的上升空间和改变的可能。

爱遇见爱，跨越夏中区域，跨越三年时光；智慧遇见智慧，超越隔阂，超越平凡。夏中人，在家校融合的这三年，完成了一个又一个的自我超越。作为校长，我需要引领学校行政管理团队一起对管理经验进行总结、梳理和提炼，以期有更多的最真切的记录和最深刻的鞭策。于是，就有了这本《以家长段位制亲子课程促家校融合的实践研究》。本书体现的正是夏中行政管理团队由教育现场走向管理前沿的思想轨迹。在这本书的记录里，行政团队已然明白：只有真正和学生、教师、家长想在一起、干在一起，才能找到存在感、价值感。正是这些探索和尝试，才让我们的行政管理工作充满温度与厚度。也是这些探索和尝试，才让每一名行政管理人员懂得：家长段位制亲子课程的启动，学校行政会每个决策、每项措施的背后，都是万家忧乐、民生冷暖。

也许，这本书的意义，并不在于能创造多少新鲜的家校融合的思路和探索路径，而在于能在多大程度上解决真问题、促进真发展，彰显我们夏中人的时代担当。夏中人，尤其是夏中行政团队，懂教育、爱教育、研教育。我们深入聚焦各个课堂现场，直面家庭教育的难点，剖析最深处的问题，用行动、用真情，踏着教育的阶梯，共同寻求育人的本真，并将这一漫漫长径，用笔、用心、用情记录。于是，就有了这样一本书。而在这本书后面站立的我们，用特别敢想、敢闯、敢干的方式，映照夏湾中学一个时代的春秋，反映一个阶段夏湾中学的教育思想，映现夏湾中学立德树人的奋斗景象……

是为序。

江学英

2021年2月23日于夏园致远轩

# 目 录

CONTENTS

# 第三章　家长段位制的寻找最美家训

# 第四章　家长段位制的家书抵万金

# 第五章　家长段位制的劳动教育

# 第七章 家长段位制的传统文化教育

# 家长段位制的
# "前世今生"

天下之本在国，国之本在家。

——孟子

2018年2月24日，星期六，珠海市夏湾中学（以下简称夏中）履新第一天。

之前，已经有关于夏中的无数传言，尘嚣之上的，就是纷传：夏中的学生家长喜欢投诉学校。而且，不是一般的喜欢，是动不动就投诉、有理无理都投诉的"喜欢"。

所以，在履新的第一天，就接到家长关于学校的投诉，实在没有太意外。

也是在校长履新接到投诉这一刻，多年在德育战线奋战与坚守的夏中人深深明白：借力家长，让家长信任学校、让家校教育融合，形成学校教育与家庭教育的合力，是夏中崛起的第一要务。

其实，每一名教育工作者都非常明白：家长是学校办学的中坚力量，其素质的高低直接关系到学校办学质量的优劣，因此必须极其重视。实践证明，家长胜任力的亟待提升、家庭教育的严重缺失、家庭教育文化活动的"一穷二白"，是阻碍学生成长、学校发展的重要因素。

珠海市夏湾中学毗邻澳门，临近拱北口岸，60%以上的生源来自积分入学，家长大多数是周边菜（肉）档、士多店、茶馆、小饭店等小商业经营者。

特殊家庭背景对夏中的学子产生了极大的影响：一是有少数学生看轻或者看不起自己父母的职业，不能正常接受良好的家庭教育。二是很多家长文化程度相对较低，有心无力，况且忙于一家生计，也无时间关心和管教孩子。三是家长对孩子期望值过低。这些家长认为"孩子会算个数就行了，我还不是一个小士多店养活一家人吗"。这些家庭与家长，往往导致学生无心向学。有一些家长认为："反正读书不要钱，送到学校代管长大，老师当免费保姆，何乐而不为？"一旦教师因为孩子的社交问题、作业问题联系家长，家长就会非常不待见：挂电话的行为属于正常，不接电话是经常，更有甚者直接咆哮，"别再拿孩子的事情烦我，等着，我投诉你"。四是学生对物质的欲求相对来说更为显化，精神追求因之弱化，甚至为零，认为："我家里有钱，还读什么书"。

面对上述因家长观念、家庭教育缺失带来的种种问题，为改变家长的家庭教育观，达成家校教育的合力，履新的我，面对家长与家庭教育这场混合"大考"，陷入了深深的思考。

三个月的时光，看似漫长。但，在一遍一遍的家访中，在与夏中学子、教师深入交流中，在披星戴月地搜索中国期刊网、中国知网的文献学习里，三个月的时光，似乎很短，很短。

履新的这三个月里，在不断地对校园文化熟悉、了解、传承、调整中，在不断地参考全国各地家长学校的做法中，"段位制"，进入夏中人的眼里。

幸运的是，在这三个月里，夏中所属的珠海市香洲区教育局宣布：在2018年，珠海市香洲区教育系统要创建全国规范化家长学校实验区，并发布了教育部关工委理论研究中心课题"构建分析体验式家长学校课程，助力新时代家庭教育的实验研究"子课题征集的通知。

面对动辄家长投诉、家校分裂的"大考"，乘着区里创建实验区、做课题的东风，夏中人把握了机会，成功将《家长学校段位制管理的实践研究——以珠海市夏湾中学为例》申报成了子课题（编号为：2018JZXXKT17），并进行了为期一年多的研究。

在2018年5月至2019年7月这一年多的时间里，我们以课题研究的方式，破冰家庭教育、家校合作系列教育难题，全面启动家长学校的段位制管理，通过家长段位制不同段位的"五个一"引领，全力打造家长的家庭教育素养和家长胜任力。

通过一年多的研究，除了获得家长的信任、取得家校合作问题的历史性突破，我们还收获了和谐的家校关系、宁静的教育教学氛围，我们更欣喜地收获了课题研究的系列成果小册子。这些小册子已经有四辑，分别是：《我的摊位我做主——珠海市夏湾中学首届亲子节暨跳蚤市场特色手工/美食作品集》《创客社：创新走马灯——珠海市夏湾中学亲子创新活动集》《寻找最美家训——珠海市夏湾中学亲子共同制定家训征集比赛集》《家书抵万金——珠海市夏湾中学亲子共读一本书暨书信征文比赛集》。

更让我们欣喜的是夏中日益提升的口碑与家长对夏中的热爱。

在珠海市香洲区教育局在全区推广夏中家长段位制范式的时候，我们的子课题水到渠成地结题了。

2019年5月，为巩固家长段位制进一步的保驾护航功能，为形成夏中特色的德育体系、家长学校特色，为最大限度地惠及夏中家长和夏中学子，学校将《以家长段位制促进家校合作的实践研究——以珠海市夏湾中学为例》成功申报了广东省教育科研"十三五"规划课题2019年立项课题（课题批准号：2019YQJK154），在更大的平台上去探究、研讨家长段位制的效能。

研究的过程，就是一段跌宕起伏的历程。

其间，我们经历过迷茫、困顿，也体验过历经艰难跋涉成功之后的喜悦、激动……

这些心路历程，是夏中行政团队成长、拔节不可或缺的积淀与收获……

# 第一节　段位制的雏形：
# 三个段位、"五个一"

研究开始时，为适应不同家长提升家庭教育素养的差异性，挖掘家长的提升潜力，学校设立了三个段位：合格、优秀、卓越。

我们的初衷是通过"合格家长""优秀家长""卓越家长"不同段位设立不同的"五个一"指标，鼓励家长阶梯式成长。每一个学期，家长委员会、德育处定期对家长进行量化考核，在散学典礼上为不同段位的家长颁发证书。

"合格、优秀、卓越"三个不同段位的"五个一"分别介绍如下。

## 一、合格家长段位"五个一"

（1）参加所有家长会、参加班级QQ群或微信群。

（2）至少完成一次与班主任老师的主动联系，关心孩子在校情况。

（3）至少参加一次学校组织的教育教学开放活动。

（4）至少一个月翻阅一次孩子全科的作业。

（5）至少一周和孩子主动沟通一次，了解其交友、心理等成长情况。

完成必修"五个一"的家长，获得"合格家长证书"。

## 二、优秀家长段位"五个一"

除完成合格家长段位的"五个一"之外，优秀家长段位还要完成以下"五个一"：

（1）制定一份家规家训并落实。

（2）至少读一本家庭教育类书籍。

（3）提供一种别开生面、有效的亲子交流方式。

（4）至少一学期带孩子外出参与亲子交流活动一次。

（5）参加一学期一次的家长入校或入社区志愿活动。

完成必修的两个"五个一"的家长，获得"优秀家长证书"。

## 三、卓越家长段位"五个一"

除完成合格家长段位、优秀家长段位的两个"五个一"之外，卓越家长段位还需完成以下"五个一"：

（1）至少承担一次优秀家庭教育经验分享。

（2）至少组织一次家长与学校互动的活动。

（3）至少完成一周校家委会常规工作的主持、组织。

（4）至少为班级、年级或学校提供并落实一项可行性建议。

（5）为学生开设一项校本课程，或者为学校开设一次"夏中讲堂"讲座。

完成必修的三个"五个一"的家长，获得"卓越家长证书"。

# 第二节 段位制的完善：六个段位、基本 "五个一"与不同段位"两个一"

在2019年12月18日的课题开题鉴定会上，珠海市教科研中心刘文军老师提出了现行段位制似有"将家长分成三六九等"的嫌疑，建议我们重新定义段位制的段位。

感恩提醒，夏湾中学课题团队及时思考、调整，并在新的课题开题报告里进行了重大问题调整的申请、论述。

调整过的夏中家长段位制，由原来"合格、优秀、卓越"三个段位，调整为："明德惟馨型""学习智慧型""健康活力型""美善儒雅型""劳动担当型""科技创新型"六个段位。学校还专门在教师群、家委群、学校公众号发布了"家长段位制"重大调整方案：

**珠海市夏湾中学家长段位制重大调整方案**

一、指导思想

引领家长发挥自身与家庭优势，指导孩子成长。

二、重大调整

（一）由"合格、优秀、卓越"三个段位调整为："明德惟馨型""学习智慧型""健康活力型""美善儒雅型""劳动担当型""科技创新型"六个段位。

（二）一个学期既可以申报一个段位，也可以申报多个段位。

（三）新的六个段位管理实施时间为下学期，即2019—2020学年度第二学期，2020年2月开学始实施。

三、基本"五个一"与不同段位的"两个一"

（一）所有段位的申报必须首先满足基本"五个一"，在基本"五个一"的基础上，再满足所申报段位的"两个一"。

（二）基本"五个一"。

1. 至少一周翻阅一次孩子全科的作业；主动和孩子良善交流，了解孩子的交友、心理等情况。

2. 制定一份家规家训并落实。

3. 至少读一本家庭教育类书籍。

4. 至少一学期带孩子外出参加亲子交流活动一次。

5. 至少参加一学期一次的家长入校或入社区志愿活动。

（三）不同段位"两个一"。

明德惟馨型

1. 制订家庭的敬老孝亲计划并落实。

2. 制订邻里和睦、社区服务计划并落实。

学习智慧型

1. 能够提供一种高效的家庭学习方式或亲子沟通方式；家庭有一定的藏书和亲子共读时空。

2. 和孩子一起研制一份主题研学小报告。

健康活力型

1. 和孩子一起，坚持每天运动一小时，培养孩子的健商；参加学校趣味亲子体育活动、社区各级各类体育活动。

2. 至少有一项体育特长。

美善儒雅型

1. 和孩子一起，培养较高的审美情趣，有文艺爱好和特长。

2. 参加学校亲子文艺汇演、三月歌会和社区各级各类文艺活动。

劳动担当型

1. 指导孩子完成每天、每周、每月、每年的常规家务劳动计划，并落实。根据本职工作，一个学期至少让孩子到工作岗位进行"职业体验"一次，让孩子学会换位思考，体验家长工作的不易，珍惜亲情。

2.积极参加校内志愿活动，如交通、膳食委员会、家长陪餐、午休自习管理、明德讲堂、"i志愿"等活动。

科技创新型

1.亲子一起制作至少一份科技节作品。

2.制订家庭节能环保低碳计划并落实。

# 第三节 特殊情况下"停课不停学"之家长段位制调整

2020年2—5月，受特殊情况影响，和全国中小学一样，我校学生不能返校，而是居家上网课，家长不能在学校承担志愿服务工作。针对这一特殊情况，学校的家长段位制再一次进行了临时性调整，并在线上校级家委会进行了培训和发布。

**夏湾中学家长学校之特殊情况期间"停课不停学"家长段位制调整培训方案**

因特殊情况影响，教育部要求各地教育行政部门和学校认真做好延期开学期间"停课不停学"工作，香洲区教育局积极响应并推出"空中课堂"，为广大学生提供学习资源和学习支持服务，帮助学生解决实际困难，让同学们在家也能学习。结合我校家长段位制，特制定此方案。

一、思想认识

首先，我们要在思想上充分认识这次网络学习，同时也要为开展网络学习做好铺垫，如了解相关防护知识，多看央视新闻报道，及时了解情况；做好孩子心理健康辅导，认真对待，做好防护；寓教于乐地与孩子互动，这也是难得的亲子活动。在孩子的成长过程中，有了您的陪伴，双方才能够更好地沟通与交流。家长要积极正面地引导孩子充分认识网络学习的重要性！

### 二、作息时间

家长需要了解孩子的课程安排与作息时间，因为上课时间与平时不同，所以我们要和孩子一起制定好时间安排，比如几点起床，吃早餐，准备好文具、资料，打开电脑或手机软件，课后作业完成反馈，休息，等等。合理地安排与制定自己的作息时间非常重要，同时也是自己训练自律的好机会。

### 三、网络应用

"空中课堂"采取了三种形式：互动直播课堂、电视课堂和网络资源课堂。学校将采用腾讯会议（手机使用）和腾讯课堂（电脑使用）两种软件上课，家长们需要了解这些软件的运用，及时与班主任做好沟通，与孩子一起熟悉使用软件。

学习过程

学习过程是关键，我们需要做好课前准备工作，避免在上课期间随意走动，吃零食、喝汽水，睡觉，或者做一些与上课无关的事情。要认真地做好笔记，笔记可采用不同颜色的笔记录，方便查阅观看，对于知识点或者复习内容有疑问的也可以记录下来，课后请教老师。学习过程是家长需要重点监管与监督的过程，也是我们在短时间内能否吸收课堂知识的关键。

作业反馈

上完课后，我们需要做的第一件事就是整理笔记，对于本次网络学习，学校各年级推出最美笔记评比活动，笔记的整理也就是对我们学习过的知识的梳理，这个非常重要；第二件事就是完成好作业，线上提交作业给科任老师批阅，这样老师才能及时反馈学习情况。时间节点也需要家长掌握好，作业反馈要及时。

疑难问题

家长不在身边，如何监管孩子的学习问题呢？这个需要家委们联动起来，联防联控，积极发挥大家的主观能动性，帮助需要协助监督的家庭。可以采用以下几种方法：

各班级由家委牵头，与班主任协商，把班级按照原定的小组，组建家委网络联防监督小组，通过手机或者电脑摄像头施行网络监督，如家长不在家中，可以通过其他家委线上监督；家长们每天可以在小组内进行分享与交流，切实把握孩子的学习状况。

在家庭条件允许的情况下，家中可以安装学习摄像头，家长通过手机远程查看，关注孩子独自在家的学习情况。

明白环境的重要性。在家学习主要靠自律性，诱惑多了，自律性自然也就差了，所以良好的家庭学习氛围非常重要，这需要我们家长与孩子一起营造一个整洁干净的学习空间。家长尽量避免在孩子上课期间进进出出，询问孩子，在旁边看电视，或者发出影响孩子学习的声音。

在特殊时期，让我们一起搭建网络平台，利用大数据，联防联控齐监督，同心同德做服务，让孩子们能在网络中畅游学习，学有所获，共享我们难忘的亲子时光。作为夏湾中学的一分子，贡献我们家委应尽的一份力量吧！

附：在特殊情况期间推出本学期特别的家长段位制申报。

通过亲子共同完成，家长申报"明德惟馨型""学习智慧型""健康活力型""美善儒雅型""劳动担当型""科技创新型"六个段位。做好相关资料收集，如图片、信件、计划、报告作品等。

明德惟馨型

1. 家庭的敬老孝亲计划。

2. 家庭敬老孝亲实施开展并做好图片记录。

学习智慧型

1. 能够提供一种高效的家庭学习方式。

2. 和孩子一起亲子共读并做好图片记录、读后感或手抄报。

健康活力型

1. 和孩子在家坚持每天运动，并做好打卡记录和图片记录。

2. 班级分享一项在家亲子共做的运动项目，并做好记录。

美善儒雅型

1. 在家中与孩子一起开展艺术活动。

2. 在家中做一个艺术汇报活动并记录成果。（图画、手抄报、诗歌、视频等）

劳动担当型

1. 指导孩子完成每天常规家务劳动并做好图片记录。

2. 做好劳动教育与规划。（做饭、编织、维修、制作等）

科技创新型

1. 亲子一起制作至少一份科技节作品。

2. 制订家庭节能环保低碳计划并落实。

本学期的段位制申报，除了正式返校上课的基本"五个一"、各段位的"两个一"外，还结合特殊时期网络授课的特别段位制进行考量，即本学期段位制申报有两个部分：特殊时期＋正常回校上课时期。

珠海市夏湾中学家长学校

2020年2月15日

夏湾中学家长段位制以不同段位的"五个一"和"两个一"为抓手，以家庭道德教育为核心，把社会主义核心价值观、中华民族优秀传统文化、先进教育理念、科学育人知识和方法等作为重要内容，以学生最在意的家长能否和自己一样拿到不同段位的证书为切入点，给夏湾中学的家长面貌带来了喜人的变化：

从家长会从来凑不齐人，到每天校门口有家长指挥交通；从班主任天天追着还联系不上家长，到家长主动轮值巡视食堂饭菜质量；从家长动不动就"我不知道怎么管孩子"，到主动每周给孩子写信；从教师谈家长色变，到学校有了家长教育共享资源库，到三月歌会有家长主动组织、指挥合唱、参与现场表演……这些变化，从外到内、从无到有，渐渐成了夏湾中学最美的一道人文风景。

《全国家庭教育指导大纲》指出，尊重家长愿望，调动家长参与的积极性，重视发挥父母双方在指导过程中的主体作用和影响，指导家长确立责任意识，不断学习、掌握有关家庭教育的知识，提高自身修养，为子女树立榜样，为其健康成长提供必要条件。夏湾中学家长学校段位制的校本实践，准确把握了家庭教育存在的问题及需要解决的核心内容，实现了家校之间的良性互动，引导家长提升了家庭教育素养，实现了学校、家庭的合作，从而实现了家校合作的共育、共生与共赢。

夏湾中学家长段位制，从为了避免家长投诉，到家长的零投诉、喜欢学校、信任学校，再到家校融合，一路走来，悲喜交集。

孟夫子曾经说过："天下之本在国，国之本在家。"家庭教育的"固本"，一定带来夏湾中学家园的"强基"，而家长段位制，则是"固本强基"中的磐石。

# 家长段位制的
# 亲子课程

乘着珠海市夏湾中学第22届体育艺术科技节、首届亲子节班主任节暨开放日活动的东风，珠海市夏湾中学亲子社团承办了亲子节系列活动。

亲子欢乐运动会上，家长和孩子们一起参加投篮、大脚板和跳绳等运动，口号声、加油声此起彼伏，校园成为家园，成为欢乐的海洋。

跳蚤市场里，亲子美食、亲子手工饰品、亲子绘画、亲子海报、亲子摊位，亲子经营的智慧和喜悦，成为校园里最美的人文风景。

亲子文艺汇演上，韦家宝同学上阵父子兵，亲子共同演奏了巴松二重奏，让人难以忘怀；校家委会主任沈书青先生高歌一曲《等待》，余音袅袅……

亲子社、亲子节、亲子课程、家长学校段位制……随着段位制的深入推进，夏中学子和家长们渐渐发现：单调的校园生活丰富起来了。

丰富的校园生活，丰富的亲子谈资，丰富的亲子活动，良好的亲子关系，更是促进了良好的家校关系。

夏湾中学教育者在完善"大爱 大智 生态 高效"主题德育课程体系的同时，以勇毅和笃行，探索亲子课程、推进家校教育的深度融合；以"奋然为之"的探索和追寻，诠释引领家长、学生成长的责任与担当。

# 第一节 夏湾中学德育课程体系与亲子课程

夏湾中学的办学理念是：让优秀成为习惯，使每个生命精彩。学校将"大爱 大智 生态 高效"的德育理念，渗透于教育教学的各个环节，贯穿于学校教育、家庭教育和社会教育的各方面。通过构建"大爱 大智 生态 高效"的德育课程体系，创新德育形式，丰富德育内容，不断提升德育工作的吸引力和感染力，增强德育工作的针对性和实效性，以达到"使每个生命精彩"的目的。

大道无形，大爱无言，大智无疆。积小德而成"大爱"，积小识而成"大智"。教师心中有"大爱"，在生源不够理想的情况下，教师依然无私地爱学生，体现师德。学生心中的"爱"，是对国家、对自然、对他人、对自己的热爱和尊重。家长心中的"爱"是关注孩子成长，重视家庭教育，与学校形成合力。"大智"是"爱"得有智慧，"爱"得有方法，"爱"得有实效。

教师的"教"和学生的"学"都需要"生态高效"，既注重身心的健康和可持续发展，也需要讲求方法，高效学习、工作。

学校德育课程的目标是：以"大爱 大智 生态 高效"的德育理念，围绕"责任担当、学会学习、人文底蕴、健康生活、科学精神、实践创新"六大核心素养，培育"全面发展的人"。在教育教学中，具体表现为：培养有高尚的情操、有丰厚的积淀、有健康的身心、有创造精神的新时代"四有新人"。

**1."大爱 大智 生态 高效"的德育课程体系**

中共中央、国务院《关于深化教育教学改革全面提高义务教育质量的意见》强调，坚持立德树人，坚持"五育"并举。夏湾中学德育课程体系，以培养德、智、体、美、劳全面发展的人为核心，分为"爱与智慧"成长课程、"爱与智慧"活动课程、"爱与智慧"劳动实践课程、"爱与智慧"亲子课程。

（1）"爱与智慧"成长课程。

①注重德育常规课。

根据教育部《中小学德育工作指南》开展德育常规课，"一月一主题"，每周根据月主题开展学习活动，通过国旗下的讲话、主题班会、黑板报、手抄报、征文、竞赛、学科教育中融入德育等多种形式达到学习、考核的效果。一月，"社会主义核心价值观"入脑入心学习月；二月，"爱生活，爱劳动"实践月；三月，"志愿服务，关爱他人"活动月；四月，"安全知识"学习月；五月，"感恩教育"活动月；六月，"诚信教育"学习月；七月，"中国梦，我的梦"理想教育月；八月，"暑假读一本好书"阅读活动月；九月，"养成教育之有礼有节"学习月；十月，"向国旗敬礼"爱国主义教育月；十一月，"阳光心理，阳光生活"心理健康教育活动月；十二月，"学宪法，守法纪"法律知识学习月。通过每月的主题教育课，将立德树人的根本任务潜移默化地渗透在日常生活、学习中。

② 分年级开设主题教育。

依据夏湾中学"大爱　大智　生态　高效"的德育理念，除了每月的德育常规课，还根据各年级学生的特点，设置初中三学年主题文化教育。初一年级：爱的教育——引领师生爱自己、爱家人、爱家庭、爱班级、爱学校、爱社会、爱他人。初二年级：智的教育——引领师生在初二年级重点学会有智慧的爱，有爱的能力，能拥有学习的智慧、人际交往的智慧、成长的智慧，减少两极分化，减少叛逆期与中年期的家庭冲突与矛盾，服务成长。初三年级：效的教育。作为毕业年级，如何生态高效学习，并取得良好学习效果，是每一位教师致力研究的主要方向，以帮助夏湾中学学子赢在人生的第一个转折点，打好中考战役，提升教育教学质量。

（2）"爱与智慧"活动课程。

生活即教育，活动即课堂，丰富多样的活动，让学生爱上德育课程。围绕"责任担当、学会学习、人文底蕴、健康生活、科学精神、实践创新"六大核心素养，"爱与智慧"的活动课程包括"两会三节"、社团活动、志愿者活动、明德大讲堂。

① "两会三节"。

为践行社会主义核心价值观，培养学生的鉴美能力和良好情操，彰显我校体育艺术特色的"两会三节"备受学生喜爱。"两会"即"春季歌咏会"和"冬季运动会"，"三节"即"读书节""科技节""亲子节"。

春季歌咏会——芳草萋萋三月春，意气风发正少年。在美好的春天里，迎来夏湾中学每年的"班歌荟·经典咏流传歌咏会"。在歌声里，每个学生都能成为最美的吟唱者，成为青春岁月里的追梦人。让"青春·梦想"成为永恒的主题，让"文化·经典"在美妙的音符中代代流传。

冬季运动会——"文明其精神，野蛮其体魄"。在冬季猎猎的寒风中，运动场上，上演着一场场激烈的角逐。班级篮球赛、足球赛、广播操比赛拉开团体赛的序幕，田赛、径赛上的体育健儿们已蓄势待发。竞技场上是力与美的展现，呐喊声中是班级凝聚力的增强。

读书节——腹有诗书气自华，最是书香能致远。"让阅读成为习惯，让书香弥漫校园"的语文学科读书节，在学科中渗透德育，丰厚学生的文化积淀。暑假的"读一本好书"读后感征文、"规范汉字现场书写大赛"、"读经典名著，制精美书签"、"经典咏流传"等活动，为学生搭建展示、学习、交流的平台，丰富校园文化，让学生在形式多样、丰富多彩的语文活动中，感受阅读的乐趣，做一个快乐的读书人。

科技节——为培养学生的科学创新精神和科技创新能力，提高学生综合科学素养，学校每年开展以"体验·创新·快乐·成长"为主题的科技展示、竞技活动。展示活动：科技幻想绘画、小制作小发明、科技大篷车、学科小论文及综合实践STEAM案例、生物DIY。竞技活动：有趣的胡萝卜牙签创意结构比赛、3D打印笔创作、中国地图绘制、机器人竞技、"脑洞大开"演讲比赛等。

亲子节——大手牵小手，共奏欢乐颂。为加强亲子沟通交流，促进家校合作，一年一度的亲子节，备受期待。亲子节包括亲子运动会和亲子跳蚤市场两个活动。在亲子运动会上，家长和孩子一起参加投篮、大脚板和跳绳等运动。口号声、加油声此起彼伏，校园成了欢乐的海洋。亲子跳蚤市场上，各种家庭美食、家庭手工琳琅满目，在亲子合作中，拉进亲子距离，亲情溢校园。

② 丰富的社团活动。

"爱与智慧"的活动课程注重学生综合素质的培养，通过开展形式多样、活泼有趣、寓教于乐的社团活动，促进学生全面发展。每个周五下午的社团活动，是学生"抢"着要上的必修课。社团种类丰富，有亲子社、打击乐社、阳光心理社、STEAM社、生物萌芽社、红十字医护小组、版画社、素描水彩社、戏剧社、模拟法庭、创意手工制作社、机器人兴趣社、航模社、篮球社、足球社、棒垒球社等。通过社团活动，培养了学生爱祖国、爱社会、关爱他们、珍爱自己的意识，在互助合作中，形成规则意识，提高了学生想象力和创新能力。

③ 志愿者活动。

夏湾中学志愿者本着"让爱传出去"的宗旨，积极开展互助、交流活动。团委将志愿者服务与信息化结合，推出"i志愿"行动。

常规活动——校园志愿服务。例如，值周班级的校园服务活动：早晨的校门迎接礼、有序摆放自行车、课间校园卫生保洁。学生膳食志愿者服务活动：负责维持用餐秩序，膳食质量监督，膳食满意度调查、反馈。

特色活动——以提高青少年的思想道德素质和满足社区精神文化生活需要的总体要求为目标，结合德育"一月一主题"课程开展志愿活动。到港珠澳大桥人工岛参与志愿活动，辅助过往旅客刷卡打指纹，指引路线；参与社区垃圾分类宣传活动；到敬老院，为老人打扫居室、表演节目。坚持服务，让志愿服务活动精准化、常态化，体现新时代少年的责任与担当。

④ 明德大讲堂。

依据教育规律，学校设立初中三年纵向进阶的三学年进阶课程，即初一年级：启程课程；初二年级：知行课程；初三年级：致远课程。明德大讲堂将思政教育与文化教育相结合，根据每个年级的不同教育主题，开展专题讲座。

初一年级开展的启航课程："开学第一课——五星红旗我为您自豪"、"我爱夏中，从认识规则开始"、"学习雷锋，乐善助人"、"艺术点亮人生"系列讲座、香洲区"百家说是"基层行之珠海故事、"关爱生命，安全出行"、"缅怀先烈，文明祭祖"、"今天的脚印就是你明天的视野"、"遇见美好的自己"、"防范火灾风险，共建美好校园"。

初二年级开展的知行课程："全民禁毒工程进校园之'珍爱生命，远离毒品'"、"道路千万条，安全第一条"、"尊崇宪法，学习宪法"、"拥抱青春，笑迎花季"、青少年心理健康知识讲座"快乐学习，健康成长"、"应急救护，自救自护"、"青春心向党，建功新时代——14周岁青春礼"、"实践责任，收获担当"。

初三年级开展的致远课程："张弛有度，科学备考""积极应对挫折，让生命更精彩""毕业，成长最重要的一堂课""心怀感恩，壮歌远行""奋斗，是青春的底色"。

（3）"爱与智慧"劳动实践课程。

在生活条件日益改善和提高的今天，许多孩子从小就劳动意识淡薄，家长为了孩子少"吃苦"，将所有家务劳动一肩挑，孩子也缺少了劳动的机会。有许多人片面地将劳动等同于家务劳动，或是不屑参加劳动。习近平总书记说："生活靠劳动创造，人生也靠劳动创造。"劳动教育是德育的重要组成部分，夏湾中学开设了"爱与智慧"劳动实践课程。

①无尘校园·高效学习·有序生活劳动实践。

舒适的学习生活来自干净、整洁的校园环境。每天的小组值日生，学会清扫与擦拭的方式，学会分工与合作，学会责任与担当，在卫生清洁的小事中，学会成长。

高效学习，需要科学地整理资料包，学会将资料归类收纳，不将时间浪费在寻找的细枝末节上。

有序生活（我的美居我做主），主要是家务劳动、家居生活的整理，培养学生的生活能力。

②参与传统节日实践活动。

春节喜庆、清明缅怀、端午追忆、中秋团圆、重阳敬老……每个节日都因风土人情的不同，有着不同的习俗。文化是民族的精神内核，传统节日活动、传统美食等，只有参与，才能传承。

③职业体验及生涯规划。

在家长的协助下，了解职业教育、体验职业乐趣、树立职业理想。例如，学习消防知识、应急救护体验、插花、舞蹈、茶艺、手工制作等。

（4）"爱与智慧"亲子课程。

为促进夏湾中学家长学校、家校合作内涵式发展，学校适时推出了"爱与智慧"亲子课程，旨在落实家校共育共建，形成家校合力，从而做到学生良好学习习惯、生活习惯、感恩意识、责任感的养成，真正做到立德树人，促进学生全面发展。

**2. 特色德育课程——"爱与智慧"亲子课程**

"爱与智慧"亲子课程是夏湾中学德育课程体系中的特色课程。"子"指孩子，"亲"指孩子以外的家庭内部成员，亲子课程是父母与其子女相互尊重、共同教育、共同参与，一起成长的课程体系。亲子之间有着不可割舍的血脉维系，"爱"是核心，爱得有"智慧"，才能促进相互间的成长。

（1）搭建管理网络，为亲子课程立根。

为促使家长观念的转变，引领家长争做学习型、理性型、智慧型的现代家长，我校专门设有家庭教育组织机构。家庭教育委员会包括班主任、年级长、德育处主任、主管德育的副校长、校长，分班级家委会、年级家委会和校级家委会，设立学习部、膳食部、志愿部以开展日常工作。完善的组织机构使亲子课程的开展具有组织保障。家庭教育委员会以"一切为了教育，一切为了孩子"为宗旨，团结全体家长，为教育好全校孩子，为全校所有孩子的家庭幸福做出贡献。

（2）丰盈课程内容，为亲子课程固本。

夏湾中学家长学校亲子课程是在班会课、社团课或周末、节假日、寒暑假时间，通过主题校会、主题班会、主题活动、家政课、亲子节等形式，家庭、学校一起，专门为孩子设计、实施的亲子校本课程，分为生活技能课、亲子共读课、亲子研学活动、亲子节日攻略等。

生活技能课——为提高孩子们的生活能力、传授生活技能的课程，源于生活，又高于生活。内容包括居室整理、烹饪、烘焙、缝纫、插花、创意手工、简易家电维修等。一个人的生活质量是幸福人生的基础，生活技能课帮助孩子们弥补了生活能力上的不足，又传授了生活美学。

亲子共读课——"粗缯大布裹生涯，腹有诗书气自华"，亲子共读，促共同成长。课程先后推荐阅读了家训系列《朱子家训》《傅雷家书》等，开展了"家书抵万金"和"最美家训"主题活动。

亲子研学活动——"家国情·悦读行"假期亲子实践活动中融入对历史、语文、地理、综合知识的研究和探索，通过亲子研学旅行的方式，在增进亲子感情的同时，也扩大了家庭教育的知识广度。

亲子节日攻略——为促进孩子与家长的沟通和交流，增进中学生对中国传统文化的了解，传承家乡的民俗传统，设计亲子节日攻略。具体活动有了解节日的由来、收集节日民风民俗、制作家乡特色美食、认真记录自己的节日生活等。学校先后开展了"冬至，有你更温暖""我的中国年""欢天喜地闹元宵""文明祭祖，缅怀先烈""母亲节，感恩有你""粽子飘香迎端午""中秋颂诗会"等主题活动。

### 3. 夏湾中学亲子课程课程表

| 序号 | 时段安排 | 珠海市夏湾中学家长学校亲子课程 | |
|---|---|---|---|
| 1 | 初一新生启航课程周 | 课程名称 | 无尘校园·有效学习·有序生活 |
| | | 课程内容 | 1. 资料包整理；<br>2. 内务整理；<br>3. 亲子家务 |
| 2 | 每学年11月份，体育艺术亲子节期间 | 课程名称 | 夏湾中学首届亲子节启动仪式暨亲子跳蚤市场活动 |
| | | 课程内容 | 1. 亲子共做一份参加亲子跳蚤市场的家庭特色手工/美食；<br>2. 亲子设计跳蚤市场的摊位海报；<br>3. 亲子共同经营跳蚤市场摊位 |
| 3 | 每学年11月份，体育艺术亲子节期间 | 课程名称 | 我的第一桶金——夏湾中学家长学校亲子理财课 |
| | | 课程内容 | 1. 清点亲子跳蚤市场第一桶金的收入；<br>2. 亲子完成"我的第一桶金"理财手抄报或思维导图 |
| 4 | 每学年7-9月份，暑假读一本好书暨语文学科节期间 | 课程名称 | 亲子共读 |
| | | 课程内容 | 1. 自行购买以下书目之一：《刘墉给孩子的成长书》《鱼羊野史》《小岛经济学》《傅雷家书》《朱子家训》等；<br>2. 完成亲子共读读书心得两篇：孩子、家长各一篇 |
| 5 | 每学年12月底，元旦迎新活动之一，元旦假期间 | 课程名称 | 亲子迎新辞旧活动 |
| | | 课程内容 | 1.家庭辞旧迎新计划；<br>2.作息规划表；<br>3.执行作息规划奖惩约定 |
| 6 | 每学年2月份，寒假、春节期间 | 课程名称 | 夏湾中学春节传统文化亲子系列课程 |
| | | 课程内容 | 1. "我的美居我做主"亲子过年扫除活动；<br>2. 亲子春节年货攻略；<br>3. 家族成员过年礼物攻略；<br>4. 年夜饭美食攻略；<br>5. "故乡印象"之乡村年俗篇；<br>6. "利是钱"亲子理财规划；<br>7. 春节旅行攻略；<br>8. 2月19日班级庆元宵 |

| 序号 | 时段安排 | 珠海市夏湾中学家长学校亲子课程 | |
|---|---|---|---|
| 7 | 每学年3月 | 课程名称 | 我们家的亲子课程成果集（同时送华平居委会展出）：书信集、家训集 |
| | | 课程内容 | 亲子节系列主题活动布展 |
| 8 | 每学年4月 | 课程名称 | 夏湾中学劳动教育之"节气·节日STEAM课程" |
| | | 课程内容 | 1. 清明节踏青了解物候现象，亲子摄影展；<br>2. 家乡清明节习俗介绍、特色美食制作 |
| 9 | 每学年5月 | 课程名称 | 夏湾中学劳动教育之"节气·节日STEAM课程" |
| | | 课程内容 | 1. 劳动节家庭物品收纳"断舍离"；<br>2. 母亲节卡片——衍纸创作；<br>3. 班级感恩活动 |
| 10 | 每学年6月 | 课程名称 | 夏湾中学劳动教育之"节气·节日STEAM课程" |
| | | 课程内容 | 1. 端午节特色风物——粽子、香包制作；<br>2. 夏至习俗介绍、特色食品制作流程及心得感悟 |
| 11 | 每学年7—8月 | 课程名称 | "悦读行·家国情"暑期研学实践活动 |
| | | 课程内容 | 1. 传承红色基因，游览名胜古迹；<br>2. 了解该地的地理、历史、政治、文化知识；<br>3. 书写亲子研学体会 |
| 12 | 每学年9—10月 | 课程名称 | 夏湾中学劳动教育之"节气·节日STEAM课程" |
| | | 课程内容 | 1. 家乡中秋佳节习俗介绍、特色美食制作；<br>2. 秋分日学会测量正午太阳高度角，计算珠海纬度 |
| 13 | 每学年11—12月 | 课程名称 | 夏湾中学劳动教育之"节气·节日STEAM课程" |
| | | 课程内容 | 家乡冬至习俗、特色食品制作流程及心得感悟 |

**4. 家长段位制的多维评价体系，为亲子课程树魂**

为适应不同家长，提升家庭教育素养的差异性，挖掘家长提升潜力，学校以亲子课程为抓手，鼓励家长做到基本的"五个一"后，根据自身的特长和家庭优势，申报"明德惟馨型""学习智慧型""健康活力型""美善儒雅型""劳动担当型""科技创新型"六个段位，让更多的家长参与到亲子课程中来，尽己所能、资源共享，有智慧、有方法地服务于孩子的成长。

**5. 亲子课程的实效**

亲子课程的开展，促进了家长学校内涵式发展，使教师、家长、学生都得到成长。教师，尤其是班主任教师，围绕着学校亲子课程的大纲，根据自己班级的家长资源、学情分析，进行亲子课程班本化，从而提升了自身的德育水平；家长参与亲子课程中，将自己所长与其他家庭共享，扮演"老师"的角色，提升了自己的表达能力，同时增强了孩子的自信心，增进了亲子感情；学生是最大的受益者，亲子课程可以弥补学科资源的不足，帮助学生开阔眼界，增长技能。

亲子课程是学校教育和家庭教育的双赢。家长参与到学校的活动中，是学校德育校本资源的有力补充，丰富了学校德育校本化研究。家长在学校的所见所闻，对学校有巨大的宣传作用。亲子课程的实施，最终目标在于促进学生全面发展。

"国无德不兴，人无德不立，育人的根本在于立德"，德育工作是学校教育的根本。构建"大爱　大智　生态　高效"的德育课程体系，广泛开展让学生终身受益的教育活动，并内化成学生刚健有为、自强不息的精神，是夏湾中学德育工作者心中的春华秋实。

我们在构建夏湾中学"大爱　大智　生态　高效"德育课程体系、开展系列亲子课程、亲子活动的同时，采集了首届亲子跳蚤市场孩子们和家长们的过程性体验，汇成了一本名为"我的摊位我做主"的小册子，留下了我们探索亲子课程前行的脚印。摘录以下五个"摊位故事"，铭记这一路的心路成长历程。

# 第二节　我的摊位我做主

珠海市夏湾中学首届跳蚤市场暨亲子节，集夏湾中学教师的教育智慧、凝全校1500多个家庭的火热之心，汇聚成了一股惊人的力量，犹如风平浪静的海面下海底的波澜暗涌，宁静火山口隐藏的滚烫岩浆，厚积薄发，有着更为惊人的磅礴力量。

在炎炎夏日，这股力量似沁人心脾的清流，送上一份清凉；在寒冷的冬季，这股力量暖如冬阳，温暖心田。亲子摊位、亲子美食、亲子运动会、亲子手工饰品、亲子海报、亲子绘画、亲子共读、亲子书信……夏湾中学的亲子系列课程在父母和孩子心田间建起了一座"心灵之桥"，让亲情变得更浓，滋养彼此，共生共长。

纵使风轻云淡，幸运的是有你陪伴，支撑着每天面对世界的变幻。哪怕冷暖自知，幸福的是我们住在对方心里，彼此珍惜度过的荏苒光阴。

我的摊位我做主。幸运的是有亲情一路陪伴。

## 摊位一：德馨花屋：斯是陋室，惟吾德馨

夏湾中学2020届9班　温智聪

### 一、亲子节家长的感悟与反思

本次亲子节的跳蚤市场活动，从构思、准备到动手操作，增进了亲子之间的关系，让孩子更爱我们，也让我们因工作而疲劳的心得到片刻的安宁，真正享受到了天伦之乐。

同时，通过本次活动，激发了孩子的内在潜能，孩子在我们面前好好表现一回的愿望得以实现。

### 二、遇到的问题及解决方法

**遇到的问题1：**没有广告牌及广告语。

**解决方法：**去广告公司定制专属的招牌。

**遇到的问题2：**没有装饰物品。

**解决方法：**上淘宝网购买。

**遇到的问题3**：商品品种太多。

**解决方法**：挑出适合初中生及教师的商品。

## 三、亲子特色手工/美食制作的意义

通过手工制作，增进亲子之间的感情，锻炼孩子的动手能力，并可以学到课本上所学不到的东西。

## 四、亲子特色手工/美食制作一览

| 类别 | 名称 | 材料 | 成本费用（元） | 售卖收入（元） | 盈利（元） |
|---|---|---|---|---|---|
| 发饰 | 简约橡皮筋款 | 橡皮筋 | 2.80 | 10.00 | 7.20 |
| 发饰 | 舞蹈剧款 | 丝带、发夹等 | 6.00 | 30.00 | 24.00 |
| 创意笔 | 玫瑰笔 | 笔和丝带 | 5.00 | 20.00 | 15.00 |
| 灯 | 感光灯 | 铁丝和丝网 | 5.00 | 38.00 | 33.00 |
| 发饰 | 儿童款 | 缎带和发夹 | 0.50 | 15.00 | 14.50 |

## 五、手工花制作步骤

1. 确定花型。

2. 收集素材。

3. 准备工具。

4. 基本成型。

5. 加入花蕊。

## 六、亲子跳蚤市场展位布置宣传设计

**设计主题**：德馨花屋。

**设计内容**：广告牌，宣传语，摊位装扮。

**宣传亮点**：纯手工制作，可私人定制。

## 七、清点跳蚤市场商品销售情况

| 项目 | 数量 | 售卖单价（元） | 销售金额（元） | 利润（元） |
|---|---|---|---|---|
| 成人简约发饰 | 3 | 10 | 30 | 24 |
| 初中生橡皮筋 | 15 | 10 | 150 | 120 |
| 胸花 | 2 | 25 | 50 | 38 |
| 儿童发饰 | 3 | 15 | 45 | 39 |
| 大童发饰 | 2 | 30 | 60 | 50 |
| 淑女款 | 2 | 20 | 40 | 34 |
| 汇总 | 27 | | 375 | 305 |

## 八、规划如何使用"第一桶金"

**方案**：把三分之一拿给妈妈购买材料，其余的自己存起来。

**实施**：三分之二的收入，自己以后搞活动用。

## 九、家长感悟

通过活动，孩子体会到了大人赚钱的辛苦，学会了珍惜。建议孩子把钱用在研究小制作、小发明上，自己买材料，自己制作。

## 十、个人感悟

通过活动，我体会到大人赚钱的辛苦，同时也知道了商机无处不在，一些细小的方案，也可以带来很大的收益。

# 摊位二：带来第一桶金的牛轧糖

夏湾中学2020届9班　萧嘉琪

## 一、亲子节家长的感悟与反思

不能小看孩子，他们有很强的生意意识，场地太小，很多东西只能摆在地上，影响销售。但我们还是想了很多解决问题的办法。

## 二、遇到的问题及解决方法

**遇到的问题1**：没有广告招牌。

**解决方法**：和妈妈讨论之后，决定去广告公司制作招牌。

**遇到的问题2**：产品单一。

**解决方法**：刚开始只准备了两种口味的牛轧糖，后来决定增加了柠檬、黑枣蜜饯。

**遇到的问题3**：人手不足。

**解决方法**：和妈妈商量之后，决定邀请本班同学加入，形成一个销售团队。

## 三、亲子特色手工/美食制作的意义

亲子活动丰富了孩子们的生活，增进了家长和孩子的感情。它给孩子一个在家长、老师面前表现自我、施展个人特长的机会；而家长们通过亲子活动也更加了解、贴近孩子；亲子在一起制作和兜售商品的过程中，不仅感到开心、快乐，更有情感的交流。

## 四、亲子特色手工/美食制作一览

| 类别 | 名称 | 材料 | 成本（元） | 售卖收入（元） | 盈利（元） |
|------|------|------|--------|----------|----------|
| 糖果 | 花生牛轧糖 | 奶粉、花生、黄油…… | 144 | 244 | 100 |
| | 杏仁牛轧糖 | 杏仁、花生、黄油、奶粉…… | 192 | 281.5 | 89.5 |
| 蜜饯 | 柠檬黑枣 | 柠檬、黑枣、冰糖 | 75 | 135 | 60 |

## 五、牛轧糖制作步骤

1. 准备原材料。

2. 基本成型。

3. 切开。

4. 包装。

## 六、亲子跳蚤市场展位布置宣传设计

宣传亮点：纯手工制作。

## 七、清点跳蚤市场商品销售情况

| 项目 | 数量 | 售卖单价（元） | 销售金额（元） | 利润（元） |
|---|---|---|---|---|
| 花生牛轧糖 | 8袋 | 18 | 144 | 50 |
| 柠檬黑枣 | 9罐 | 15 | 135 | 60 |
| 杏仁牛轧糖 | 8袋 | 25 | 200 | 70 |
| 同学代卖牛轧糖 | 10袋 | 12～20 | 158 | 42 |
| 零售 | 15颗 | 1.5～2 | 23.5 | 7 |
| 汇总 | | | 660.5 | 229 |

## 八、我的第一桶金实施方案

**方案一：**做生意首先要有招牌。

**实施：**请小学同学妈妈帮忙制作广告招牌。

**方案二：**免费品尝。

**实施：**产品的口感如何光靠我们口头描述是不行的，想要顾客掏钱购买牛轧糖，必须要邀请顾客试吃，顾客觉得好吃之后才会掏钱购买。拿出半斤杏仁牛轧糖和花生牛轧糖免费试吃。

**方案三：**邀请同学加入，一起赚钱。

**实施：**

1. 首先，给本班同学介绍牛轧糖和柠檬黑枣的批发价，邀请他们一起赚钱，可以拿着商品去操场上推销，也可以介绍顾客过来购买。

2. 其次，锁定对象：主要销售对象是教师、年级长、校长、叔叔、阿姨等（因为这些销售对象比较富有，且注重养生，会购买纯手工的健康食品，学生的经济能力有限）。我批发给他们一罐柠檬黑枣15～18元，他们可以在外面卖20～28元。

方案四：拆袋零售。

**实施**：针对一些想吃牛轧糖又不想购买整袋的同学采取零售方式，按颗卖。花生牛轧糖1.5元/颗，杏仁牛轧糖2元/颗。

## 九、规划如何使用"第一桶金"

买一箱弟弟爱喝的旺仔牛奶（60元），买两排子母奶（50元）给妈妈喝，奖励自己一箱优酸乳（38元）。剩下的81元留着购买文具。家长理财建议：要培养储蓄的习惯，合理消费。

## 十、个人感悟与反思

第一次体会到了赚钱的不容易。

# 摊位三：弹弹弹的咖喱鱼蛋

夏湾中学2020届3班 宋英姿

## 一、亲子节家长的感悟与反思

本次亲子节，让我深刻感受到我们俩之间有非常多的默契，可能是从小都是我带的原因吧！这次活动让孩子亲自动手做自己喜欢吃的美食，让她知道在做事的过程中有很多技巧，不是那么简单的。孩子学会了遇到问题要及时解决，只有发现问题才能解决问题。活动让孩子能够早点学会自己照顾自己。感谢学校能给我们家长和孩子这么好的机会。

## 二、遇到的问题及解决方法

**遇到的问题1**：为什么我煮的鱼蛋不弹牙，没有弹性？

**解决方法**：鱼蛋煮开了之后，捞出来用凉水冲一冲，泡一泡，再放进咖喱汁里面煮。

**遇到的问题2**：为什么我煮的咖喱鱼蛋没那么香？

**解决方法**：咖喱鱼蛋用烧开的油，放蒜末和咖喱粉炒一炒。

**遇到的问题3**：为什么我煮的鱼蛋不入味，没有那么好吃？

**解决方法**：鱼蛋煮熟了，关火之后再浸十分钟，就会入味。

## 三、亲子特色手工/美食制作的意义

让孩子多动手，多动脑，多思考问题，去做自己喜欢吃的东西，让孩子知道美食来之不易，懂得感恩的心。

## 四、亲子特色手工/美食制作一览

| 类别 | 名称 | 材料 | 成本（元） | 售卖收入（元） | 盈利（元） |
|------|------|------|-----------|--------------|-----------|
| 食品 | 咖喱鱼蛋 | 鱼蛋 | 92 | 265 | 173 |

## 五、咖喱鱼蛋的制作步骤

1. 浸入味的咖喱鱼蛋煮熟。

2. 炒煮咖喱鱼蛋。

## 六、亲子跳蚤市场展位布置宣传设计

**设计主题**：走过路过不要错过。

**设计内容**：奶茶、布丁、手工的布袋子、咖喱鱼蛋、自制饼干。

**宣传亮点**：卡通动漫。

## 七、清点跳蚤市场商品销售情况

| 项目 | 数量 | 售卖单价 | 销售金额（元） | 利润（元） |
|------|------|---------|--------------|-----------|
| 咖喱鱼蛋 | 2盆 | 5元一份（7个） | 265 | 173 |

## 八、规划如何使用"第一桶金"

**方案**：帮助社区有困难的五保户。

**实施：**买油、买米送去，让老人感受温暖，好好生活。

## 九、家长理财建议

把钱存起来，积少成多，等有需要时再用。希望学校多多组织这种活动，非常有意义。

## 十、个人感悟与反思

没有养成理财的概念，不懂得合理安排资金。要好好锻炼自己的理财能力。

# 摊位四："美食美客"等着您

夏湾中学2019届7班　吴颜彤

## 一、学生亲子节感悟与反思

学校举行的亲子节让我和整日工作的父母有了一同欢乐的时间。跳蚤市场让我深刻感受到了赚钱的不容易，体会到了制作食物的琐碎和辛苦，也让我从中学习了经营的知识，学会了一些销售技巧。

## 二、遇到的问题及解决方法

**遇到的问题1：**酸奶蛋糕打发时需注意哪些事项？

**解决方法：**打发蛋白的盘子必须是无水无油的，而且蛋白中不能混入蛋黄，否则就会影响蛋白的打发。

**遇到的问题2：**制作蔓越莓饼干时黄油如何使用？

**解决方法：**冬天温度比较低，黄油不容易软化，可将黄油放入碗中隔水融化，或者直接用微波炉软化。

**遇到的问题3：**如何让蒜香排骨更入味？

**解决方法：**先把排骨洗干净用热水过一下，沥干水分，加入酱油、作料、蒜头、盐、面粉、鸡蛋腌制1～2个小时，这样炸出来的排骨香喷喷。

**遇到的问题4：**如何炸出色香味俱全的鸡翅？

**解决方法：**鸡翅上下两面用刀划开两个小口子，加入酱油、佐料、蒜头、盐、面粉、生粉、鸡蛋腌制1～2个小时，热油下锅，不时翻动鸡翅，把握好火候，这样炸出来的鸡翅颜色好看、味道香脆、卖相诱人。

### 三、亲子特色手工/美食制作的意义

本次活动非常有意义，可以培养孩子的动手能力和创意，还可以促进亲子间的情感交流，增加教师与家长之间的沟通机会，培养孩子与父母共同克服困难、争取胜利的合作精神。

### 四、亲子特色手工/美食制作一览

| 类别 | 名称 | 材料 | 成本（元） | 售卖收入（元） | 盈利（元） |
|------|------|------|------|------|------|
| 糕点 | 酸奶蛋糕 | 鸡蛋、面粉、酸奶、白糖、油、牛奶 | 45 | 75 | 30 |
| 西饼 | 蔓越莓饼干 | 黄油、面粉、蔓越莓、糖、蛋液 | 27 | 45 | 18 |
| 鸡翅 | 香脆鸡翅 | 鸡中翅、面粉、鸡蛋、蒜头、佐料 | 44 | 60 | 16 |
| 排骨 | 蒜香排骨 | 排骨、蒜头、面粉、鸡蛋、佐料 | 42 | 60 | 18 |

### 五、亲子跳蚤市场展位布置宣传设计

**设计主题：**美食美客。

**设计内容：**超好吃，无添加剂，纯天然材料。

**宣传亮点：**纯手工制作。

## 六、家长感悟

本次学校举办的亲子跳蚤市场非常有意义，孩子可以借此活动学到很多东西。采购食材，亲子共同制作美食，一起布置摊位，摆放食品销售，孩子可以通过跳蚤市场锻炼自己。销售过程中的真实交易可以锻炼孩子适应社会的能力，提高孩子对金钱的认知。孩子通过实践体会到赚钱的不容易，同时也让他们从劳动中体会到创造价值的乐趣和体会家长的艰辛。

# 摊位五：好喝橙汁，大爱夏中

夏湾中学2020届1班　杨景翔

## 一、学生亲子节感悟与反思

1. 首次尝试做老板，知道进货成本与利润的概念，做生意不能亏本，当商品销售不出去时，要降价促销。

2. 利用自己已看过的书，找到一些有趣的与故事性强的书分享给低一年级的同学，初次认识到原来旧的图书及二手用品还有市场。

3. 做事要有条理，知道做一件事要按部就班，其中一个环节出差错，会直接影响到后面的工作，知道了什么叫谨慎、细致。

4. 在销售过程中，要了解销售的对象。

5. 知道团队合作的力量，每个环节都要互相配合。

## 二、遇到的问题及解决方法

**遇到的问题1：**如何提升产量？因为是原汁榨的，所以人手必须要充足。

**解决方法：**调动同班同学帮忙，轮流操作机器。

**遇到的问题2：**如何提高果汁的美观性？

**解决方法：**选取新鲜的、果肉比较结实的水果。

**遇到的问题3：**如何保证果汁的新鲜度。

**解决方法：**现场制作，保证新鲜美味。

**遇到的问题4：**如何提升销售量。

**解决方法：**通过买橙汁送鹌鹑蛋刺激销售，增加销售产品的品种。（同时销售西瓜汁）

### 三、亲子特色手工/美食制作的意义

让孩子多动手，利用现有的资源合理安排。

### 四、亲子特色手工/美食制作一览

| 类别 | 名称 | 材料 | 成本（元） | 售卖收入（元） | 盈利（元） |
|------|------|------|-----------|--------------|-----------|
| 果汁 | 橙汁、西瓜汁 | 西瓜、橙子 | 117 | 260 | 143 |
| 书籍 | 旧图书 | 书 | 0 | 50 | 50 |
| 学习用品 | 红萝卜水笔 | 笔 | 27 | 21 | −6 |

### 五、亲子跳蚤市场展位布置宣传设计

**设计主题：**以走动式的宣传为主，手拿宣传标语全场宣传。

**设计内容：**鲜榨橙汁，绝无添加，营养健康，好喝！

**宣传亮点：**废物利用，自己制作出宣传标语。

### 六、家长感悟

首先应该感谢学校举办了一个这么有意义的活动，不但能调动孩子的积极性，而且让家长参与其中，大大促进了亲子的交流与沟通。

1. 通过这次售卖，孩子初步认识了销售的技巧。

2. 学校应该给家长和孩子指引，应该通过广播告知活动的正式开始时间，我们很早就来到学校，准备好所有工作开始销售。上午九点正式销售后很多家庭都没有来。因为产品受到很多家长的喜欢，所以很快就销售完毕，检查的老师是在

我们销售完以后才来到现场,这点让人非常遗憾!到场的很多家长都感叹:"你们的产品是全场最健康的食品。"

3.孩子在刚开始销售的时候有点放不开,不敢向陌生人推销,这次活动,大大加强了孩子的沟通能力,让他知道了要找对象来推销,这样销售成功的机会才会大大提升。

4.让孩子学习到书本以外的知识,认识到团结的重要性。

5.回家后孩子感叹地说了一句:"今天除了辛苦更多的是开心、理解。"通过这次活动孩子更明白父母工作的不容易,学习也好,工作也好,必须要不断努力与拼搏,一步一个脚印才能最终有所收获。


## 摊位六:吃货们,嗨起来

夏湾中学2018级5班 吴彦麟


### 一、亲子节感悟与反思

这是一个非常有意义的活动,作为家长来说很难得有这样的机会在校园内体验学生生活,整个过程充满了浓浓的欢乐气氛,在与孩子们一起制作,共同参与的过程中,孩子们自己参与劳作,体会劳作的辛劳,同时还能收获快乐与成果,理解生活,很有意义。

这次参加活动的家长比例不是很高,希望以后的活动能有更多的家长参与到活动中来,家长以身作则,积极带动,给孩子树立榜样,学会担当,让孩子在健康向上的成长阶段更加积极充实。


### 二、遇到的问题及解决方法

**遇到的问题1**:时间紧。尽管学校的活动计划早已公布给了全体师生,学校主旨是希望学校、学生与家长能够共同参与,但是联系起来并不十分通畅,导致活动时间紧迫。

**解决方法**：班级家委会充分发挥作用，在班级群里发布信息，群策群力，组织各位家长与同学积极参与。

**遇到的问题2**：类似的活动参与度低。

**解决方法**：将征集来的信息进行整理，选出几项适合的项目，分别安排给不同的家长与学生组合，分工协作。

**遇到的问题3**：人力如何协调？

**解决方法**：积极发动有时间、有精力的家长参与活动，发挥家委会的带头作用，每个家委都参与活动，作为主力军，其他家长配合。

**遇到的问题4**：对现场情况不了解。

**解决方法**：提前制作好活动有关的宣传材料，活动当天尽早赶到活动现场，与参与活动的同学安排分管事项与完成标准，分工合作，搭配合理。

## 三、亲子特色手工/美食制作的意义

增加了亲子互动，提高了孩子的动手能力与认知，让孩子体会到家人劳作的辛苦，对社会经济行为有所了解。

## 四、亲子特色手工/美食制作一览

| 类别 | 名称 | 材料 | 成本 | 售卖单价 | 盈利 |
|------|------|------|------|----------|------|
| 食品 | 鸡蛋葱油饼 | 鸡蛋、大豆油、葱花、面粉 | 1.2元/个 | 2元/个 | 0.8元/个 |
| 食品 | 奥尔良烤翅 | 鸡翅、鸡翅根、腌料、蒜 | 4.5元/对 | 6元/对 | 1.5元/对 |
| 食品 | 咖喱鱼蛋 | 鱼丸、食盐、鸡粉、咖喱、椰浆、白糖 | 3元/份（8个） | 5元/份（8个） | 2元/份（8个） |
| 食品 | 冰糖葫芦 | 山楂、冰糖、竹签 | 1元/串 | 3元/串 | 2元/串 |

**鸡蛋葱油饼：**

1. 准备适量面粉、鸡蛋、葱花、盐、大豆油。

2. 将鸡蛋打入面粉，用温水和面。放置两至三个小时。

3. 将面团分好比例，擀成薄饼，在饼上刷层大豆油，然后撒适量盐和葱花。撒好盐和葱花后，将薄饼卷成圆饼。

4. 将卷好后的圆饼，擀成薄饼，放入平底锅。小火煎烤。

5. 待饼变色后，在饼上刷层大豆油后翻面煎，待饼的表面煎至金黄即可。

**奥尔良烤翅：**

1. 鸡翅用清水浸泡半小时以上，洗净，用厨房纸擦干水或沥干，装盆备用。

2. 泡鸡翅的时候可以准备大蒜汁，大蒜4粒切碎，放入蒜臼捣成泥，加少量清水浸泡10分钟。

3. 鸡翅盆中倒入适量奥尔良腌料，加入过滤后的蒜汁水，反复抓匀，盖保鲜膜入冰箱冷藏12小时以上。

4. 烤箱预热200°，鸡翅正反两面刷薄薄一层蜂蜜，放入预热好的烤箱烤15分钟，取出正反两面再刷薄薄一层蜂蜜，翻面放入烤箱继续烤约10分钟，看到鸡翅上色较深时取出装盘。

**咖喱鱼蛋：**

1. 洋葱和苹果提前处理好，切成小丁。

2. 不粘锅加少量油，小火加洋葱、苹果进去煸炒出香味，接着加入咖喱块、咖喱粉炒香，加入椰浆和水，水量按鱼蛋的量来计算。

3. 咖喱变稠，沸腾后，准备一口深锅，把咖喱倒进去，放进洗干净的脆皮鱼蛋，搅拌均匀。

4. 把咖喱和鱼蛋再次煮沸，当鱼蛋变大时关火，盖上盖子，浸泡，过4~6个小时，就可以享用了。

**冰糖葫芦：**

1. 山楂清洗干净，去掉蒂部。

2. 大块的冰糖放入微波炉高火一分钟，掰成冰糖碎。

3. 清理干净的山楂用竹签子串起来。

4.将冰糖碎放入锅中，倒入适量的开水，中火加热，可以用铲子慢慢搅拌，加快冰糖溶解。

5.当所有的冰糖都溶解后转小火，慢慢加热，大约七八分钟。

6.仔细观察糖液的泡沫，当糖液的颜色变得稍微有一点点黄，泡沫繁多且拥挤时，将串好的山楂放进去快速滚一下，拿出放在抹了油的铁盘中，放冷处凝固10分钟即可。

### 五、亲子跳蚤市场展位布置宣传设计

**设计主题：**全民福利"吃货们，嗨起来"。

**设计内容：**帐篷，展示画，宣传海报，立牌（与真人1：1）。

**宣传亮点：**紧扣活动主题，调动同学们的关注热情，真人大小的立牌，创意独特，吸引眼球，提高人气。

### 六、家长感悟

活动虽然简单，但是需要协调的事情还是很多，特别是现场搭建过程中，需要利用可利用的现场资源，合理化发挥其最大效用。同学们积极动手，家长陆续将活动用品带往现场，在大家的共同努力下，按时完成前期工作，使本次活动有了一个良好的开端，整个活动有序进行并顺利完成。

## 摊位七：吮指可乐鸡翅

夏湾中学2020届5班　张裕诚

### 一、亲子节家长的感悟与反思

父子一起动手制作食品，孩子开始学会思考制作食品要注意的细节，如食品材料如何配搭，才能做到色香味俱全。通过合作与交流，增加了父子之间相互配

合的默契。孩子也在此过程中明白了，做一件事情之前要先思考过程，做好充分准备，准备越充分，事情就办得越出色！

## 二、遇到的问题及解决方法

**遇到的问题1**：如何做到鸡翅更入味。

**解决方法**：鸡翅前后要多划两刀，要提前将食材加入食盐、料酒、姜片腌制几小时。

**遇到的问题2**：如何做到鸡翅色香味俱全，令人食欲大开。

**解决方法**：鸡翅下锅前加入少许油，加入姜、蒜煎干鸡翅，使鸡翅表面呈现金黄色，然后加入可乐没过鸡翅，再加入少许生抽、老抽、胡椒粉中火焖20分钟即可。

## 三、亲子特色手工/美食制作的意义

孩子通过制作家庭秘制可乐鸡翅，懂得在做事情时要多动脑筋，家庭里的工作需要大家分工合作来完成，尽自己的能力做些力所能及的工作，美好幸福的家庭需要家里的每一位成员共同筑建。

## 四、亲子特色手工/美食制作一览

| 类别 | 名称 | 材料 | 成本（元） | 售卖收入（元） | 盈利（元） |
|------|------|------|------|------|------|
| 食品 | 可乐鸡翅 | 鸡翅可乐姜、蒜 | 90 | 138 | 48 |

## 五、可乐鸡翅的制作步骤

1. 鸡翅洗净，姜、蒜切细，做好下锅准备。

2. 小火慢煎鸡翅。

3. 成品出锅，撒上葱花。

## 六、亲子跳蚤市场展位布置宣传设计

**设计主题**：通过亲子间的良好互动增加父子之间的友爱之情，体验父母赚钱养家的不易和脑力劳动和体力劳动的艰辛。

**设计内容**：合家欢美食

**宣传亮点**：亲手制作广告牌，设计醒目的广告标语，穿上别具一格的亲子销售服，以及买两样食品送学习工具书一本的促销广告。

## 七、清点跳蚤市场商品销售情况

| 项目 | 数量 | 售卖单价（元） | 销售金额（元） | 利润（元） |
|------|------|------|------|------|
| 可乐鸡翅 | 46个 | 3 | 138 | 48 |

## 八、如何规划使用"第一桶金"

**方案一**：捐班费。

**实施**：用第一次自己赚的钱捐15元给班级作班费，奖励有进步的同学。

**方案二**：自己支配。

**实施**：余下33元用于购买自己下学期需要的配套练习册或学习工具。

## 九、家长感悟

感谢夏湾中学举办这么有意义的亲子活动，让我们家长有机会走进校园与孩子一起参加活动，一起制作和售卖美食。这次活动，让孩子更懂得感恩父母日常点点滴滴的付出。作为一名家长，以后我除了会在学习上多督促和关注孩子，在其他方面也会有意识地引导和培养孩子，使他成为一个全面发展的孩子。告知孩子，一分耕耘一分收获，明天的辉煌，离不开今天的努力和拼搏，只有不断努力奋斗，才不会被这个社会淘汰。

"我的第一桶金"理财计划，使孩子懂得感恩，对需要帮助的人伸出援手，同时，用自己辛勤所得买自己所需物品，使孩子更懂得珍惜钱财，树立了正确的价值观。

## 十、个人感悟与反思

只有努力工作、辛勤付出，才会得到可喜的报酬。

# 摊位八：美食大篷车

夏湾中学2018级3班　陈芊如

## 一、亲子节家长的感悟与反思

合作要先有计划，有计划才有默契，合作才会更好。

## 二、遇到的问题及解决方法

**遇到的问题1**：冰激凌容易融化。

**解决方法**：在泡沫箱中加大量的冰块。

**遇到的问题2**：食物容易凉。

**解决方法**：使用可加热锡纸盒装食物，并准备铁架和酒精蜡，底部加热，保证食物的温度。

**遇到的问题3**：吃热量高的食物需要有饮料解渴。

**解决方法**：准备一个装满冰块的小冰桶，方便客人自取冰块或者冰镇饮料。

## 三、亲子特色手工/美食制作的意义

我们应该给予孩子更多的信任，敢于放手，锻炼他们独立处理问题的能力，同时，培养他们合理消费和理财的能力。

## 四、亲子特色手工/美食制作一览

| 类别 | 名称 | 材料 | 成本（元） | 售卖收入（元） | 盈利（元） | 备注 |
|------|------|------|-----------|--------------|-----------|------|
| 甜品 | 冰激凌 | 盒装冰激凌 | 280 | 630 | 350 | |
| 主食 | 牛肉炒饭 | 牛肉、米饭、青豆、青椒 | 60 | 200 | 140 | |
| 小吃 | 咖喱双丸 | 牛肉丸、鱼丸、咖喱调汁 | 500 | 600 | 100 | |
| 小吃 | 蜜汁烤鸡翅 | 鸡翅、生抽、白糖 | 128 | 158 | 30 | |
| 小吃 | 炸春卷 | | 65 | 130 | 65 | |
| 饮品 | 香滑奶茶 | | 60 | 300 | 240 | |
| 手工 | 原创书签 | 白卡书签 | | | 20 | 马克笔、高光笔、彩铅、麻绳、勾线笔 |

## 五、亲子跳蚤市场展位布置宣传设计

**设计主题：**体现班级的班风、班旗、班徽。

**设计内容：**利用四块展架，展示产品，体现风格。例如，物品繁多的"百宝阁"，吃货天堂的"欢乐食堂"，体现孩子欢乐的天性和阳光心态。

**宣传亮点：**色彩明亮的展架，参与活动的男生身穿厨师服，女生身穿汉服；现场播放节奏感强的音乐吸引客人。

## 六、规划如何使用"第一桶金"

**方案一：**可购买文具、书籍。

**实施：**打算用30元购买1～2本书，剩余的存起来。

**方案二：**购买美术用具，或者将自己写的小文章印刷出来。

**实施：**

1. 整理、修改之前已经完成的小小说并输入电脑。

2. 请妈妈帮助在网上联系可协助印刷的公司，少量印刷，留作纪念。

## 七、家长感悟

计划中的摊位布置没有完全展示出来，由于是第一次组织，对现场的情况预估不足，食物一摆开孩子们就蜂拥而至，当天早上我们没有给自己更多的时间充分准备，理想和现实是有差距的。后期出现食物变凉影响口感的情况，以后可以对食物品种进行调整。现场比较忙乱，但是气氛非常热烈，孩子们非常活泼，原来担心孩子羞于开口，结果是孩子连砍价都知道怎么应对，说明我们应该给予孩子更多的信任，这次他们的销售能力和独立处理问题的能力令我刮目相看，希望以后的活动可以逐渐由孩子们来主导。

虽然这已经不是孩子的第一桶金，也已经帮助孩子将自己的积蓄存入了她的个人账户，但是教会孩子如何合理地使用这些资金也是一门学问，以后有机会会建议孩子去听一些相关的理财讲座。

## 八、个人感悟与反思

虽然说卖东西谁都会，但是如何提高销量，那就要在实践中思考了。

第一，不要有赚不到钱的压力，尽量保证货品数量和品种齐全。

第二，了解客人的喜好，客人会买什么，不然肯定亏。

第三，尽量找客人容易看到的位置摆放货品，不要担心生意清淡。

第四，微笑待客，勤开口，不说话客人不会购买。对待客人不要不耐烦，客人随意挑也不要厌倦。

做到这些，客人一定多，生意一定兴隆。所以，做生意也是蛮讲究的。

跳蚤市场亲子节是夏湾中学家长学校的亲子系列活动课程之一。在系列亲子课程中，我们还有"无尘校园·高效学习·有序生活"课程、"我的第一桶金——亲子理财"课程、"亲子共读一本书"课程、"寻找最美家风家训"课程、"春节传统文化亲子系列"课程等。这些亲子课程，都来自最平实的日常生活，是"教育即生活"的体现。这些亲子过程，旨在引领家长从合格到优秀再到卓越的阶段性进步，旨在对家长打开校门，使其深入孩子的日常校园生活。同时，这些亲子过程也旨在让孩子明白家长的陪伴是最长情的告白，让孩子懂得幸福建立在辛勤劳动之上，让孩子愿意用辛勤劳动和智慧劳动创造出幸福与美好，从而让立德树人的工作"润物无声"。

就这样，夏湾中学的亲子课程，点滴改变着夏湾中学，点滴改变着夏湾中学的师生、家长和家庭。从帮助学生在体育锻炼中享受乐趣、增强体质、健全人格、锤炼意志，到坚持以美育人、以文化人，提高学生审美和人文素养，再到弘扬劳动精神，促进了学生的全面发展，促进了和美家庭的形成，促进了良好家校共建共育的发生。

也许，这些家校融合教育的探索还不够成熟，还未形成体系，虽然在探索的过程中，我们经历过纠结、不安、忐忑，也体验过惊喜、愉悦、成长，但我们相信，心中有"家校融合"的梦想，就一定有不断前行的动力！

# 家长段位制的
# 寻找最美家训

家庭，是社会的细胞。

家风，是社会的根本。

习近平总书记在多种场合多次强调家风和家庭教育："家风是一个家庭的精神内核，也是一个社会的价值缩影。""广大家庭都要重言传、重身教，教知识、育品德，身体力行、耳濡目染，帮助孩子扣好人生的第一粒扣子，迈好人生的第一个台阶。"中共中央办公厅、国务院办公厅印发的《关于实施中华优秀传统文化传承发展工程的意见》中提出了"广泛开展文明家庭创建活动，挖掘和整理家训、家风文化，用优良的家风家教培育青少年"的号召。

夏湾中学大多数的家长忙于生计，没有多少的家训、家风概念。为强化夏湾中学家长的家训、家风意识，使其注重家庭的精神内核，夏湾中学教育者将家训、家风凝练纳入夏湾中学家长学校课程，并列为家长段位制评选条件之一。

于是，夏湾中学家长的家训、家风意识教育，从"流于形式"到注重内核生成。

# 第一节　倡导亲子研制家训的实施过程

家训是家庭对子孙立身处世、持家治业的教诲，是家庭的重要组成部分，对个人的教养、原则都有着重要的约束作用。家训是一个家庭或家族训导后代子孙的、能够体现这个家庭或家族的家风和教育理念的根本宗旨，也是中华优秀传统文化。一个好的家训可以流传千年，可以培育出一代代品学出众的贤子贤孙。

正是基于对家训、家风作用的深深了解，夏湾中学在《家长学校段位制管理实施方案》中，就将制定家训、凝练家风等列为评选优秀家长段位"五个一"的其中一个：制定一份家规、家训并落实（提供家规、家训给学校，建立共享资源库）。

有了具体的方案作指导，还要选择合适的时机落实。

夏湾中学教育者选择在2019年寒假落实，主要基于以下考虑：

（1）2018年下半年我校"家长段位制"已经推行，家长、教师已有基本共识，实施时没有阻力。

（2）寒假一般有20多天，有足够的时间给家长酝酿、写作。

（3）寒假期间有我国重要的节日——春节。春节合家团聚，除了感受浓浓亲情，还可以让家长思考孩子的教育问题。

因此，我校在2019年寒假的社会实践作业中，布置了以下亲子研制家训、凝练家风的"特别作业"：

（1）全校师生、家长研读《朱子家训》，写"我的家训"，体裁、字数不限。班级评选优秀作品两篇，推荐到年级。（文件附《朱子家训》原文及翻译，以供家长、学生参考）

（2）拍亲子研制、讨论的照片作为纪念，插入到相关作品中。

（3）优秀家训征集以班级为单位收集，标题为宋体二号，班级、姓名为楷体三号，正文为仿宋四号。文件名称格式：初×年级×班+我的家训。

令人感到欣喜的是，征集上来的经过家长和学生精心研制、打磨、凝练的家训中有很多惊喜之作。一方面，我们及时将所有作品，交给语文科组教师修改、整理，将优秀作品在校园公众号进行微信系列推送、分享，引发了家长们的广泛关注。家长主动地相互学习、相互借鉴，取得了预期的效果。另一方面，我们将优秀的家训汇编印制成了《寻找最美家训》小册子，成为课题研究系列成果之一。

# 第二节　寻找最美家训

经典永流传，譬如《朱子家训》。

夏湾中学的师生、家长一边领略着、感受着《朱子家训》的经典，一边追溯自己家族的核心故事、核心精神传承，一边和孩子分析、讨论、研制，形成自家独一无二的家训，凝练自家一脉相承的家风。一时间，这些成了夏湾地域、校内校外最美的人文风景。

这，也是学校对社会的反哺吧！

摘录几篇，记录夏湾中学家庭教育最美的人文风景。

# 家训一：诚信、孝顺、友善、自控、自信

## ——我的家风家训

### 夏湾中学2019级2班　杨　逸

每个幸福的家庭都有自己的家风和家训，我家也不例外。我的爸爸妈妈一直要求我不管是学习上还是生活上都要尊崇"诚信、孝顺、友善、自控、自信"的原则。

诚信是一个道德范畴，是公民的第二个"身份证"，是日常行为的诚实和正式交流的信用的统称。我的理解：诚信就是说到做到，不失信用。我的妈妈工作很忙，经常承诺给家里购买小物件，答应过后，几天也买不回来，爸爸就会严肃地告诫我和妈妈：做事情要说到做到，讲诚信。同时，我也想起小时候听的《狼来了》的故事，这个故事也是告诉我们诚信的重要性，如果那个小男孩开始诚实不说谎，结局就不一样了。

诚信也是赢得别人信任和与别人做朋友的首要条件。爸爸过年采购年货时，带我去市场卖肉、鱼、鸡的小摊前，通常是瞥一眼，叫老板帮忙留一点儿新鲜的，等会儿过来拿。爸爸买完青菜回来直接付钱给小摊的老板们，从不担心人家缺斤少两，老板们也愿意提供最新鲜的货给爸爸。每次，老板们和爸爸的笑容与眼神中都透露出无比的信任和放心。

孝顺，原指爱敬天下之人、顺天下人之心的美好德行。后多指尽心奉养父母，顺从父母的意志。在我很小的时候，我就知道父母都很孝顺爷爷奶奶，特别是爸爸，这么多年，每次过年过节都是他回家陪爷爷奶奶过的，从没有落下过。

无论爸爸多忙，都要每天打个电话给爷爷奶奶，问问他们在做什么，身体怎么样，叮嘱老人家要注意身体。记得有一次，爷爷病得很重，当他精神稍好点，爸爸就去很远的地方打包回爷爷最爱吃的煲仔饭。爷爷连说"好吃"，湿润的眼睛里闪着泪花。这件事让我很难忘。爸爸也曾教导我，百善孝为先，孝是中华传统文化提倡的行为，所以我们要好好传承。

友善，指人与人之间的亲近和睦，是处理人际关系的基本准则，公民基本道德规范。帮助他人，减少争执也是友善的一种表现。妈妈从我记事起就经常教导我，在不触犯法律、不伤害他人的前提下尽可能与他人友善相处。上小学时，有一次与几个不熟的小朋友在花园里玩，其中有一个小朋友不满意我赢了，对我说脏话，我没理他，结果他骂得更厉害了，最后还打了我，我就还手打了他。结果妈妈知道了，非要我向对方道歉，我虽然很不情愿，但还是与对方握手言和了。

自控，指自己控制自己的行为和时间。妈妈经常说："人与动物的区别就是自己能控制自己的情绪和行为，并且如果一个人从小自控力不强，长大了就会失去很多东西。"我的自控表现略举一些：①严格遵守睡眠和起床时间，时间一到，不能耽搁；②己所不欲，勿施于人；③不乱扔自己的用品和垃圾。对我来说，还要控制好学习时间、娱乐时间，我现在更加理解妈妈的话："时间，你不好好珍惜它，它就跑掉了。要尽量把时间用来做有意义的事情。"

自信，指自己相信自己。自信给人以力量，给人以快乐。正是有了自信，人们才充满了睿智和希望。我也要努力自信地解决一个又一个难题，学习变得更优秀，做更好的自己。

我们的国家是由千千万万个幸福家庭组成的，每个家庭都有自己的家风家训。只有我们都认真遵守好自己的家风和家训，我们的祖国才能更加稳定、和谐、繁荣、强大。

# 家训二：孝

**夏湾中学2020届4班　王泽林**

国有国法，家有家规。许多人家都有自己的家规家训，我家也不例外，我的家训只有一个字：孝！

《论语·学而》中孔子说道："入则孝，出则悌，谨而信，泛爱众，而亲仁，行有余力，则以学文。""孝悌"指的是孝敬父母、尊重长辈、友爱兄弟及关爱幼者的伦理行为，体现出感恩、回报和礼敬。推及一切皆加礼敬，善待他人，名曰行"仁"，此为古人修身、齐家、治国、平天下之基础。在中国传统道德规范中，孝道具有特殊的地位和作用。古有郯子鹿乳奉亲、汉文帝刘恒亲尝汤药、董永卖身葬父，今有90后男孩邱炳强背母求学，等等。这也是我们家用"孝"来做家训的根本原因。

"子欲养而亲不待"，这是一句多么悲伤的话语。等到你想到去孝敬，等到你有时间去陪自己双亲的时候，却发现他们已经不在了，这时后悔也没有用。我的父母，我的姐姐，他们心中都谨记"孝"字，并且也付诸日常的行动中。他们都是我的老师，他们用自己的行动教会我如何做一个有孝心的人。

孝，不一定要做什么轰轰烈烈或者多么伟大的事情；孝，体现在生活的细节中。

我的妈妈是很有孝心的人，就算平时再忙再累，也会抽出时间给外公打电话，询问家中情况；时不时给外公充上话费，寄一些生活用品和生活费给外公。今年过年妈妈多放了几天假，就带我们回老家探望外公。一回到家，妈妈就动手打扫卫生，洗衣服；早起给外公烧炕，很冷的天她一句冷一句累都不说。当我们启程回来的时候，妈妈还拿起了外公的茶杯，给外公冲好了茶，放在桌子上。这是一件多么不起眼的小事情，一个很随意的动作，却恰恰体现了妈妈的"孝"——心中惦记着外公，想尽量多替外公分担些事情。

姐姐每次回来，一定会给爸爸妈妈带吃的穿的或者用的。妈妈不喜欢吃姜，姐姐炒菜的时候都会把姜切的大块一点，这样就能轻易地把姜挑出来；妈妈的眼睛不好，太小的字看不清，姐姐就给妈妈换上一台大屏幕的手机。这些都是很平凡的小事情，但是姐姐都能关注到，记在心中，默默地落实在行动上。

孝，不仅仅体现在对自己家人的行动上，也体现在对待他人的行动上。"老吾老以及人之老"，这是妈妈经常跟我说的一句话，而且她也是这么做的。

有的时候外面下雨，有没带伞的老人家经过我家店门口，妈妈就会免费借伞给老人家，路途远的或者不方便送回来的，就直接把伞送人了。有的人说，你这样做生意不亏吗？妈妈总是说："生意亏了不怕，做人不亏就行。谁家没有老人呢，自己家的老人在外面遇到麻烦，不也希望有个好心人能搭上一把手。"是啊，一个有孝心的人，又怎么会亏呢！父母和姐姐都是我最好的榜样，我要更好地向他们学习！

不得乎亲，不可以为人；不顺乎亲，不可以为子。看到妈妈每天辛勤地工作，那么拼命地赚钱，我也会更加自律，虽然我有时候还是会犯错，但我会努力地改变，多分担些力所能及的事情，让父母不再为我操心。

牢记家训，百善孝为先！孝，从自身做起，从身边的小事做起！

# 家训三：勤、俭、奋、实、孝

## ——我的家训

夏湾中学2018届5班 邱思恬

中华民族素有"礼仪之邦"之称，而我们中国的家庭向来重视家教。早在战国时期，便有了《孟母三迁》和《曾子杀彘》的优秀家教故事，三国时期著名政治家诸葛亮也是一位品格高洁、才学渊博、注重家教的父亲，他在《诫子书》中这样教育他的孩子："非淡泊无以明志，非宁静无以致远。"就是告诫八岁的儿子：不清心寡欲，就不能使自己的志向明确坚定，不安定、清静就不能实现远大理想。中国的很多家庭都有自己的家训，我们家也不例外。我们家的家训只有五个字：勤、俭、奋、实、孝。

勤，是勤劳，俗话说得好，"一分耕耘，一分收获。"看到自己可以帮得上忙的就不能假装没看见，不管在哪里，都要勤动手，肯吃苦，自己的事情自己做，懒惰、不劳而获之心是绝对不能有的。

俭，是节俭。记得有一次，家里打扫卫生时，妈妈看见我扔掉了很多没用多久的笔，就问我，我不以为然地说："我还有很多，这个也放了比较久了，就扔了吧，反正也不要紧。"谁知妈妈却很严肃地对我说："你这样的做法是不对的，如果你还有，那为什么当初要买这么多？就算有钱也不是这么花的，做人要勤俭节约，要认识到没有哪一样东西是从天上掉下来的，都是来之不易的。"我点点头，认识到了自己的错误。从这件事以后，我再也没有大手大脚地买东西了。吃饭也不会盛很多，以免吃不完浪费，因为"谁知盘中餐，粒粒皆辛苦"。

奋，是上进心。现在上初中了，竞争激烈，我的成绩不像小学时总是在顶尖位置，有时候考得不是很好，心里会安慰自己：没事啦，反正学习成绩比我差的人还有很多。有时候考得还不错，又会自我满足。这些心理都是不能有的。"奋"这条家规就很明确地告诉了我，无论做任何事，都要力争上游，都要一次又一次地努力超越自己。假如这次考得不是很好，要分析是学习方法出了问题，还是其他什么原因，需要怎么改正，怎么才能做到更好。以前语文老师送我一句话："逆水行舟，不进则退。"

实，是诚实，是老实。不是自己的东西不去贪，诚实守信，答应了别人的事情就一定要做到，不要小心思，忠厚老实未必是件坏事。如果一个人连诚信都没有了，谁还愿意跟你打交道呢？

孝，是孝顺。"百善孝为先。"对待自己的长辈要怀有一颗感恩之心。

"无规矩不成方圆。"我要牢记家训，为自己的人生奠定坚实的基础，踏出坚毅的步伐，成为国家的栋梁之材！

# 家训四：德、勤、诚、真

## ——我的家训

夏湾中学2020届4班　王斯羽

在记忆的田埂上，谁不曾留有几朵娉娉袅娜的花，而童年留下的便是家训故事。爸爸总是对我说："家是社会的'钙'，拥有好的家风家训，是'钙加锌'，家风不好——'缺钙'可能会得软骨病！"简洁的四个字：德、勤、诚、真，便可概括我家之训。

"德"为厚德载物。古时孔子重仁义道德，我想，以"德"为家训之一应该是家中长辈希望我们脚踏实地、稳重前行，做一个有理想的年轻人，不浑浑噩噩地消耗韶华时光。只是，现在的我还需要进行长久的实践才能完全明白它的含义。

小时候我是张白纸，在独立思考前都踩着世界的影子成长，妈妈叮嘱我要牢记"勤能补拙"，勤奋上进、有一颗感恩的心。因此，即使在学习的压力下，我也能找到属于自己的小小快乐。我喜欢早上的多睡一分钟，喜欢放学回家后桌子上热腾腾的佳肴，喜欢晨读时阳光迎面照在脸上的温暖，更喜欢静心阅读。秋天，当我在因手心里某片金黄的叶子伤感时，爸爸会走到我身旁说："这是被岁月吻过的痕迹啊。"我感受到了生命的珍贵和无可代替。因为我从父母的言行中知道：生活中有很多美好，要知道感恩每一粒种子、每一缕清风，也要知道早起播种和御风前行。

做到正直诚实，也是我们常说的一个话题，我们讨论着"假疫苗"企业的不诚信和出租车司机主动归还乘客钱财的两种不啻云泥的行为。父母告诉我，靠欺骗获得暂时满足的人是无法得到自己想要的生活的。我知道："真实的人自然诚实，诚实的人自然善良。"

在家里，每一位成员都懂得"真"——真实。我们要相信自己是平凡而不平庸的人。父母赋予我的"斯是平凡卓年华，羽翎飞鸿击长空"诗意绵远的寓意让我明白，我的名字是独一无二的，我这个人更是如此。

好的家训，是芝兰之室中欣欣向荣的幼苗；是大浪淘沙后依旧留存在沙中的玉石；更是辗转风花雪月却依旧明明如昔的灯火。而我，会铭记着我家之训，继续前行。

# 家训五：自强不息，臻于至善
## ——我的家训

夏湾中学2018级6班　柯汀林

家训如雨，随风潜入，润物无声；孩子如苗，沃土雨露，滋润成长。孩子在成长中，如果能得到优良家训的指引和培育，会更加自立自强、出类拔萃！

"自强不息，臻于至善"就是我的家训。从小至今，它一直引领我成长……

牙牙学语时，妈妈就教我《弟子规》《周易》《大学》。徜徉在我耳边的，是"天行健，君子以自强不息""大学之道，在明德，在亲民，在止于至善"等先贤训示，这些话时刻提醒我——成就人生、实现梦想，就要"自强不息，臻于至善"。

三岁那年，爸爸驻港工作，家里家外的事情由妈妈一人承担。但她的身上，始终充满着乐观和坚毅！多少次感冒发烧、咳嗽吊针，夜里睁开的模糊双眼中，都是妈妈关切的目光、疲惫的面容，都是妈妈端药送水的身影、换衣擦汗的爱抚……妈妈付出了多少心血！妈妈一个人边上班边照顾我，处理家里家外的大事小事，却从未听过她的一句抱怨。"自强不息，臻于至善"这家训，在我亲爱的妈妈身上，得到了淋漓尽致的体现！

父母的言传身教，让我有了自己的志向！"自强不息，臻于至善"的家训，从此根植我心，予我勇毅，成为我学习前进的精神原动力！

它，教导我做一个有德、有爱的学生！一是在学校，努力尽好一个班长的职责，以德奉师。积极协助老师，为班级服务，与同学们交朋友、打成一片，经常为成绩落后的同学答疑解惑。二是在家里，努力尽好一个女儿的义务，以德奉亲。主动帮助妈妈做饭洗碗，洗晾衣服，整理房间。三是在社会，积极参与公益活动，以爱奉众。汶川地震时，我主动捐出了全部的零花钱给灾区小朋友；之后的雅安地震，我除了自己捐献钱物，还呼吁亲戚和同学们参与捐助。

家训，教导我做一个好学、守纪的学生！一是使自己成为祖国的合格建设者，养成勤奋好学的好作风。上课，我认真听讲、积极回答问题；课后，按时完成作业，字迹工整有序；课余，我既向老师虚心请教，也与同学们一起思考、讨论、提高；业余，我广泛阅读，天文、地理、历史、童话，乐得其所。二是使自己成为国家的合格公民，养成遵章守纪的好习惯。在日常的学习和生活中，我经常提醒自己，认真遵守校规校纪，自觉抵制不良诱惑和不良习气；时刻注意自己的日常行为规范，做到自尊自爱，为自己负责；养成安全过马路、文明礼让，以及爱护公物、保护环境的好习惯。

感恩父母，感谢家训！未来的日子里，我仍将勉励自己——自强不息，臻于至善！

# 家训六：俭、勤、诚、善、睦

## ——我的家训

### 夏湾中学2019届10班　杨佳敏

孟子曾说："不以规矩，不能成方圆。"由此看来，规矩是重要的育人之道，立国之本。

自古以来，国有国法，家有家规，因此，我家有家训。

**家训之一：俭**

俭，可以组成不同的词，如节俭、俭朴、俭省、勤俭等。虽然这些词是五花八门的，但他们都诠释同一个道理：检审朴素、爱惜物力、不浪费财物、节约。父母教我们用完水后要随手拧紧龙头，不买名牌物品，从房间出来时随手关灯，不要有攀比的心理，买东西要货比三家，买最实用的，要物尽其用也就是让它发挥自己的作用，而不是在那里当摆设。

家训之二：勤

勤，顾名思义，就是勤劳。父母教我们做事要勤快，学习要勤奋，工作要诚恳，生活要勤苦，做人要勤谨。

家训之三：诚

"做人要诚实，要讲究诚信"，这是我们从小背诵到大的。父母一直以身作则，做买卖时绝不短斤少两、恶意抬高价格；与朋友约好几点见面，绝对不迟到，哪怕是一两分钟也没有。在父母的言传身教之下，我们也养成了讲诚信的好习惯，在学校不欺骗老师和同学，说到做到。

家训之四：善

做人要有善心，待人善良。父母常常让我们把不用的物品和不穿的衣服，打包好放在花园中的爱心小屋或捐给有需要的人。每当遇到乞讨的人，父母总会让我们将零用钱放在他们面前的盒子里。每当做了什么好吃的食物，父母总会装上两碗，让我们送给左邻右舍品尝。

家训之五：睦

从小父母就教育我们：兄弟姐妹之间不能吵架，要和睦相处。因为众人拾柴火焰高嘛。

总之，虽然我家的家训比较简单，但一字千金呢！


# 家训七：我的家训

夏湾中学2019届2班　李昶乐


## 治家篇

日出而作，日落而息。日日勤勉，勤俭，勤劳。粒米皆辛，颗果皆艰。事需从长计，虑后负；忌冲莽，失措。人则皆守礼节文明，见长乃敬，见小乃爱；且诚实守信，讲驷马之言。

## 读书篇

聪慧愚笨皆可得，顺其秉性。聪慧者，勤学奋读，为国争光；愚笨者，勤学技领，博得行业。人道之本分，两者皆具也。

## 为人篇

心怀善意，并赋予行动，此乃善也；心怀憎恶，且报仇恨于他人，此乃恶也。听辈言，孝子女；反辈言，不敬子女。毋贪财图利，乃好官；毋欺老骗小，乃诚人。

## 总结篇

家和人睦，虽穷无苦，无苦于三字：真、善、美。心存志向，追其理想，心自真；讲仁亲善，恪诚守信，心自善；刻苦奋读，勤学好学，心自美。此乃吾家之真、善、美。

# 家训八：我的家训

夏湾中学2019届5班　苏　珩

一个国家是由千千万万个小小的家庭组成的，使社会安定和谐、国家繁荣昌盛，家训，起到了至关重要的作用。

我的家庭，平凡而又温馨。它，像一个可以慰藉心灵的港湾，为我遮风挡雨，让我有所依靠。

孟子云："不以规矩，不能成方圆。"

因此，我的家训伴我成长，教我如何做人处事。

第一，言行举止

（1）谈吐大方。古人云："良言一句三冬暖，恶语伤人六月寒。"心中怀有善意，不居高临下；与人言谈，要以平等的方式对待；态度真诚亲切，语调柔和，吐字清晰；凡事实事求是，不夸大其词。

（2）待人有礼。与熟人相见，要打声招呼；见到长辈要问好，不顶撞长辈，帮助长辈做力所能及的事；对待幼小的弟弟妹妹，要懂得谦让，做好榜样。

第二，为人处事

（1）为人谦逊。学会稳健的处理事情，不因成功而骄傲；为人低调勤俭，不追求奢华生活；不可目中无人，请教时不择人，做到不耻下问。

（2）与人为友。"君子之交淡如水。"不去攀比，不苛求权富势力；做事坦坦荡荡，对人真诚，心淡如水。

（3）做事认真谨慎。"凡事预则立，不预则废。"做任何事之前，需要先有计划，再认真对待，才能取得成功；做任何决定时，需要"三思而后行"，小心谨慎，确保无误后才可做出决定。

第三，立志成才

"有志者事竟成。"在风雨中，不断前行，百折不挠，才能取得最终的胜利。一个有志向的人，才是一个真正能够成功的人。

立志成为一个优秀的人，要为家庭的幸福而努力，更要为国家的富强而不断奋斗。

将良好的家训传承下来，宣扬中华民族的传统美德。人人都做出贡献，才能让我们的国家更加美丽、繁荣昌盛。因为幸福，是奋斗出来的。

青少年正处于人生的"拔节孕穗期"，除了要接受学校良好的教育、家风良好的熏陶，借力家庭教育系好人生的第一粒扣子，意义更是重要非凡。

就像好的校风学风一样，好的家训家风也是隐性的教育资源，能够为学生成长营造好氛围、创造好生态，能够在潜移默化中给学生以人生启迪、智慧光芒和精神力量。

# 第四章

# 家长段位制的
# 家书抵万金

"从前的日色变得慢；车，马，邮件都慢……"木心先生这首被收录在《云雀叫了一整天》的《从前慢》，让人对旧时光的"慢""从容"与"质感"心生向往。

"云中谁寄锦书来？""江水三千里，家书十五行。"自古以来，关于书信的诗词就有很多。其中，最打动人心的，是杜甫在《春望》里"烽火连三月，家书抵万金"的感慨。

是的，薄薄的信笺里，满载的是深情、是厚望，更是牵挂和希望。

是的，在"烽火连三月"的兵荒马乱里，报平安的家书，万金不换。

然而，在这个信息爆炸时代，微信、朋友圈、QQ空间、微博、抖音，已然成为标配的日常沟通。

信笺，还能一如既往地打动人心吗？

家书，还能一如既往地承载深情吗？

这，是夏湾中学教育者在日常教育中，感受到"快节奏"时代背景下教育受到的冲击。这，也是对夏湾中学教育者的爱心、细心、恒心、耐心和洞察能力、教育能力的极大挑战。

"人须在事上磨炼，熬得住方成大器。"校园生活、家庭生活就是学生成长所经历的最好的"事"。设计"家书抵万金"夏湾中学学生与家长的两代书信活动，用心的夏湾中学教育者，在这件看似琐细的"小事"中，用足了一对一私人订制似的教育智慧与爱，不是壮举，甚至看不到任何痕迹，却潜移默化地在学生、家长心里，成为学生，甚至家长成长中不可或缺的助力。这些在夏湾中学校园里发生的"事"，共同创造出大量教育契机，我们努力适才扬性，把做人的道理、做事的原则、关于亲情关于爱，一一润物无声地交予他们。

三年的春夏秋冬，每一场风雨、每一缕阳光，夏湾中学教育者默默地陪伴着这些孩子和家长，把"爱与智慧"的学校文化融进自己的整个身心，努力地发现每一个孩子、每一个家庭的需要，帮助他们跨过那些沟沟壑壑，目送他们走向未来……

# 第一节 两代书信：爱和温暖的传递

夏湾中学家长学校启动家长段位制以来，为鼓励家长、孩子们读书，我们组织了"亲子共读一本书"的读书活动，并且倡议在亲子共读之后，亲子同写书信。

活动倡议发出之后，我们很忐忑。

因为，夏湾地区是珠海市最繁华、最早起步拱北商圈的中心地带，位居这一黄金商圈的家长们，用最大众的话来形容，就是"最市井"。

而读书、写信，并且是亲子共读、亲子共写，常人看来都这么"高雅"的活动，能"入流"吗？能在"市井"中挖出一眼清泉吗？

让人惊喜的是，我们还真的收获了清泉，不止一眼，而是泉水叮咚。

我们的家长、孩子们不仅认真读书，还拍了亲子共读的照片作为纪念，插入到相关的书信中，个中的温馨，暖人心扉。

我们家长因为这场亲子共读一本书、亲子各写一封信活动，丰富了亲子的沟通方式，提升了亲子关系，珍惜了亲子相处的时空。中间的很多书信，字里行间**充盈着爱和暖**。

我们的语文老师修改、整理后汇编印制的小册子《家书抵万金》，成为家长段位制亲子课程促家校融合的实践研究课题研究的系列成果之一。

两代书信，在亲子之间、家校之间，传递着爱，传递着暖，传递着希望，传递着美好。

# 第二节 家书抵万金

我们在全校的两代书信作品中，精选了以下几篇，和大家一起共享，也希望在分享中，将爱、暖与希望传递。

## 亲子两代书信之一：《致女儿》与《致母亲》

（作者系2020届1班的江卓倩同学及其家长）

### 致女儿

亲爱的女儿：

回想14岁时，我也曾经任性，曾经和父母有过分歧，也曾尝试过逃离父母的约束。记得初二升初三那年，学习比较紧张，家离学校很近，我坚持要住在学校，以学习为借口不用每天回家。那个年代信息不发达，要学习课外知识唯一能去的地方只有图书馆，那里的书又旧又少，一本作文书记不清被我翻过多少遍，回想内容可以直接翻到所在页码。《红楼梦》还是文言文版的，看了几遍虽然无法完全吃透内容，但每次都比上次了解多一点。每天进步一点点，我坚持看了几遍。

现在资讯发达，一部手机能知天下。妈妈希望你好好利用它，让它协助你好好读书，好好努力，好好开阔自己的眼光，保持进步。只有自己足够强大，才能去做自己喜欢做的事情，才能拥有选择权，才能在将来的工作中获得成就感和尊严。

你第一天上幼儿园不吃不喝站在门角一整天的情景，时不时浮在我脑海里。那之后接下来连续两个月的每天你都会问妈妈，明天要上幼儿园吗？答案始终是冷酷的肯定，而你都会哭却又不得不去。不知这是不是你现在比较胆小的原因，如果真的是，妈妈要跟你道歉：宝贝，对不起，妈妈没处理好，给你带来了无形的伤害。虽然你当时不愿意上幼儿园，老师教的舞蹈，课堂上你从来不参与不展示，但是回到家你会从头到尾，把整个舞蹈毫无遗漏地跳出来。你可知道你比同龄时的妈妈棒多了。你可是当时幼儿园出名的小电脑，可利害了。

只要你能勇敢地冲出胆小的阴影，大胆地展示自己，做一个活泼开朗的小女孩，一切就会更好。开心时大声地笑，伤心时抱着妈妈哭，该撒娇时撒娇。

以后的生活你来当主导的角色，妈妈全力配合你。遇到困难，乐观面对！做好计划，设好目标。

奔跑吧，女儿！只要你一声呼唤，爸爸妈妈都会在你身边。

爱你的妈妈<br>2019年2月

## 致母亲

亲爱的妈妈：

这是我第一次与您以书信的方式对话。现在21世纪的人啊，包括我，都是在聊QQ或微信，哪还有人拿起笔认认真真地写信呢？

2016年，是我们人生中最重要的一年，我有了一个生命中最重要的礼物。从那刻起，我们成了"二孩家庭"，而我仿佛成了世界上最幸福的人。但也是从那时起，我感到了做姐姐的"心酸"。弟弟太小，全家人必须时时刻刻地围在他身边打转，而我的喜怒哀乐，都是浮云。那时的我，甚至觉得你们重男轻女。唉，现在想想真是可笑。

2017年，我顺利地升到了初中。随着年级的增加，课业也越来越繁重。我常常在凌晨睡觉，天没亮就起床了，还天天向您抱怨，总说您睡得比我早，起得比我晚。可当时的我，并不知道，我那很小的弟弟经常在半夜啼哭，而我却在沉沉地睡着。

　　2018年，是悲喜交加的一年。我在这一年经历了很多道严峻的关卡，而您总是笑着鼓励我勇往直前。从刚开始的乐理考试，到颇有难度的数学班，您让我放轻松，只要尽力了，就成功了。于是，我抱着试试的心态去应对一次次考试，也许是运气吧，我一次次地尝试，收获了一次次的成功。当然，也有被困难击败的时候。当我濒临绝境时，您一次次地鼓励我，让我在渺茫中看到了光亮。谢谢您，妈妈。

　　2019年，我，14岁，与当时的您一样，即将面对人生的第一道关卡——中考。我将会拼尽全力，好好学习，逐梦前进。在漫长的成长路上，有您的陪伴，真好！

您的女儿：江卓倩
2019年春

## 亲子两代书信之二：《给爸爸的一封信》与《给女儿的一封信》

（作者系2020届4班的王斯羽同学及其家长）

给爸爸的一封信

亲爱的爸爸：

　　您好！

　　小时候，我似乎一直没给过您关注。我沉浸在自己的世界里，但当我举着风筝大步跑时，顺着风筝和我的背影一直倒退就会发现，在长长的影子末，你们在笑望着我。似乎从我出生起，您的眼神，一直都没离开过我。后来，当您目送我成长时，我也开始目送您的背影。

　　因为工作繁忙，回家路途的遥远，每次您回来我都撒娇似地请求您在家多留几天，因为您总是不确定下次回来是几个星期后。

　　您每次走时都是肩背大包手提小包，身上的重负仿佛压弯了您的背。我像个复读机似的："爸爸，您下次回来，还要……"妈妈计算着您下楼的时间，对我和弟弟说："去阳台看看爸爸走了没有？"您执意要自己下楼，不让我们去送您。我目送您的背影，但我不单单只想目送您的背影。您朝大门口走去，留给我们的是看起来毫无眷恋的背影。后来，您装作不经意的样子，转过身仰起头，面向那个熟悉的方位，辨认着我们的身影，亦是再次看看我们的家，您发现了我和弟弟。那一刻，好像穿越一条无边无际的时空长河，您凝望的眼光和我们的视线隔空交会。您不受控制地向前迈步，一遍又一遍地与我们招手再见，……这一切永远镌刻在我心中最柔软的地方。我离得太远看不见您幽深的眸子里的柔情和温和，但那刻我感受到了。

就这一幕，我印象太深。

目送一生，一生目送。

我会懂得您对我的爱。当繁华落尽，千帆驶过，我会记得回家。

祝爸爸

身体健康！

女儿：王斯羽

2019年2月12日

### 给女儿的一封信

亲爱的女儿：

你好！

光阴似箭，岁月如梭，我感慨的不是时间过得如此之快，而是感慨时间过得如此的丰富。我仿佛感受到时间在重复着过往。

记得上学时读朱自清的《背影》，它拨动我的心弦，使我的心情久久不能平静。

"他蹒跚地走到铁道边，慢慢地探身下去……他用两手攀着上面，两脚再向上缩；他肥胖的身子向左微倾，显出努力的样子。"

你瞧，它给我的印象多么深刻！不过，我想对你说的是，作为新时代的你们，对"天梯"上的某些东西望眼欲穿，每个人都争先恐后爬着"天梯"，但不要忘了下面的根，是故乡，是亲人。你要知道，我和妈妈对你的爱，可能没有像雷电般响彻云霄，但绝对像一首清歌般，绵远悠长。

你还记得你上小学的第一天吗？……不变的是情感和期望。因为这个，我又回想起我上学出远门的那一刻，你爷爷、奶奶的目送，也包含了如此丰富的情感和期待。重复的过往也许就是步入中年的那份感情。

也许，你爷爷、奶奶一次又一次目送我的背影时，他们所想的是孩子长大了，需要走自己的路，前方的路虽有坎坷，但需前行。有时候，他们目送的是我离开之时的背影，他们的眼神中又增加了依依不舍的情感。他们盼望着我早些回来，再次团聚。

也许四年后，爸爸妈妈也将目送你踏上求学的路途。那时我们想告诉你的是，前方的路终究需要你勇敢地前行，祝你学业有成，幸福地活出属于你自己的精彩……

同时永远记住这一点，世界上最不平凡的美是家里的美。

祝你

健康成长！

爸爸

2019年2月12日

## 亲子两代书信之三：《致母亲》与《致女儿》

（作者系2018级5班的邱思恬同学及其家长）

### 致母亲

亲爱的妈妈：

您好！

我记得小的时候，我常常躺在您的怀里，听您讲您童年的故事，您的泪花是我启蒙的明珠。如今，我们两人之间却常常隔着一扇门，我在门里，您在门外，我却没有勇气打开门……父母养育子女，子女孝敬父母，那是责任。年少时，母亲目送孩子离去；年老时，孩子目送母亲离去。那又是什么呢？目送着，背影消失后，只剩下哀伤和寂寞吗？不，不会的，我相信不会永远都是目送的。我想，我会打开那扇门的，我依旧可以像儿时那样依偎在您的怀里，尽管您已经不再讲您童年的故事了。

我没有对您"抵触"，但我以后不会吗？我永远不会吗？我不敢回答自己。虽然我现在每天都乐此不疲地和您汇报，滔滔不绝地讲我的一些趣事，但我会不会有一天面对着您却默默无言？我不敢肯定。

想起和您一起在超市里推着购物车时，看到我中意的东西，无论多贵，您都会拣到购物车里。而有一次您选了一包自己喜欢的饼干，我竟然说："妈妈，这种口味的饼干最难吃了！快放回去吧！"在我的印象里，您好像只对那些被我吃腻了而丢到一边的食品感兴趣，而且吃得津津有味。

当年您身后的跟屁虫现在已经有自己的思想了。曾经，我总认为你们大人不理解自己，自己才是正确的；曾经，我总认为"亲情"只是一句用于不同场合的套话，从没有理解过这个词的真正含义；曾经，我总认为亲人的爱是天经地义的，从未想过要回报些什么。当我们看着彼此的身影从对方的视线中越变越小，直到消失，我知道在这个过程中您在慢慢变老，而我，在慢慢长大。

祝您心想事成、工作顺利！

您的孩子：邱思恬

2019年2月15日

## 致女儿

亲爱的孩子：

你好！

收到了你的来信，我深有感触。

想到当初渐老的父母在目送我离家时的不舍，又想到终有一天我也要看着你的背影渐渐走远，直到最后消失不见。从温情的开始到残酷的结束，我再一次察觉到人生就是这样，周而复始，从不停歇。

也许是随着岁月增长，人的心也越来越容易忧伤。曾经视若无睹的东西，在不知不觉中，也在心中烙下了深深印迹。开始在乎起父母越来越多的皱纹，也开始担忧起孩子越走越远的脚步。

有想流泪的感觉，为逝去的或正在远去的亲情，挽留不住的是匆匆的生命的脚步，留下的是记忆；对于生命，最好的态度不是挽留，而是珍惜；再多的遗憾不舍都是生命的过程，我们只能向前走，用现在来填补过去的空白和伤口，带着爱和释怀与生命和解。

我们每个人都在时光的洪流中渐渐长大，我们眼前的背影从高大到佝偻，自己也慢慢成了别人眼里的背影。

祝你
学习进步，快乐成长！

妈妈<br>2019年2月16日

## 亲子两代书信之四：《给14岁女儿的信》与《致我亲爱的父亲》

（作者系2020届3班的吴玉同学及其家长）

### 给14岁女儿的信

亲爱的丫头：

这是爸爸第一次给你写信，当提笔的时候，爸爸的脑海里不由浮现出你刚出生时，在医院里抱着你的情景：一双乌溜溜的小眼睛往四周张望着，一张鲜红娇俏的小嘴巴不断地嚅动着，爸爸当时深感这是上天赐给我最美好的礼物！

时光如白驹过隙，你小时候的成长历程如同电影片段一般，不断地在眼前掠过，不知不觉你已经成长为一名初二学生了。自升入初中以来，你的努力和进步，爸爸都看到了；你的聪明才智，为人处事的做法也让爸爸深感骄傲。但你身上也存在一些缺点，主要是独立生活能力和学习时间安排方面有待改善。这次爸爸给你写信，想说的话如下：

首先，孩子，所有的父母都希望自己的儿女在学校能取得优秀的成绩，爸爸也不能免俗。但爸爸不需要你一定是第一名，只希望你自己继续努力，不要给自己太大的压力，即使考试成绩不理想，爸爸也会和你一起分析错题原因，继续鼓励你，毕竟人生的道路不是一帆风顺的，求学的历程也是如此。

上学期的期末考试，你的主科成绩不是很理想，那么在下学期开始前，就要制订方案追赶：语文要提高，数学要追击，英语要抓紧，物理要冲刺！

其次，孩子，人的一生总是在为自己的理想和目标而努力奋斗，人生如果失去了理想和目标，必将碌碌无为。求学历程也是同样，爸爸知道你每日学习很辛苦，但是只有坚持下去，你才会达成你心中设定的目标，天道酬勤，每天进步一点点，坚持下来就会成功！既然你已经设定了高中和大学的目标学校，那么，就从现在开始，我们为达成这个目标一起努力吧！

最后，孩子，爸爸希望你在求学和成长的历程中，每一天都是快乐的，在快乐中学习，在快乐中成长！最终拥有一个快乐、健康、美好的人生！

值此2019年新春佳节，爸爸祝愿你新的学期学业进步，达成学习目标，每天开心快乐！

爸爸
2019年2月10日

## 致我亲爱的父亲

亲爱的爸爸：

看到您写给我的信之后，我很兴奋。您不善于表达，我们在电话里的对话大同小异，也只有在一同吃饭时才会闲聊几句。

您写道：时光如白驹过隙，转眼我就长大了。可就是这过得飞快的点滴时光组成了我来到世上的珍贵回忆。

回忆里，有小时候您陪伴我去游乐园游玩的快乐，也有您为我买最喜爱的零食的惊喜……太多太多的美好流淌在我的记忆里。

都说，父爱是无声的，您总是默默付出行动。

记得在我四五岁的时候，我与妈妈一同参加您朋友组织的聚会，那个时候的您像极了现在所说的"中年油腻男"，只不过没有大肚腩。您极喜欢抽烟，衣服口袋里时常见到的不是手机，而是打火机和烟。那天，您喝了许多酒，点烟的时候不小心烫到了我的手指，于是，您就意识到烟不可以再抽下去。

您开始不在我和妈妈面前抽烟，抽烟次数慢慢减少，直到现在，您不再把打火机时刻放在身上，几个月才碰一次，整个人都清爽了许多，家中也不再有那种难闻的烟味。

您的爱好是广泛的，您喜欢喝酒，也爱独品淡幽的茶；您喜欢紧跟潮流，也爱那些经典老歌；您喜欢开玩笑，却在工作时严谨认真。

您工作时都会有一个小目标，您也常常告诉我学习要有自己的目标。目标虽小，但足以媲美浩瀚星辰中的星星，会发光、会闪耀。然而，在我达不成目标时，您会第一时间来安慰我，即使您不善言表也让我感受到了家的温暖，做事更加有力量。

岁月不是一把"杀猪刀"，而是我们建立情感的纽带，白驹过隙的不是时间，而是情感。在匆忙的生活之间，巡回着过往与未来，爸爸，我希望您就像您希望我一样，每一天要过得充实且快乐。

若某一天您暮年已至，愿您静坐庭前赏花落，还能笑谈浮生流年。

爱您的女儿：吴玉
2019年2月13日

## 亲子两代书信之五：《给儿子的一封信》与 《严格的您和毫无要求的我》

（本书信作者系2020届3班杜佳晋同学及其家长）

### 给儿子的一封信

亲爱的宝：

新年伊始，妈妈祝你在新的一年里：健康快乐，学业精进，福慧双增！

晃眼功夫，你从呱呱坠地的婴儿已成长为朝气蓬勃的少年，回头看，妈妈还没来得及好好感受你孩提时调皮捣蛋的成长过程，你便已经长大，当然这要感恩你的外公、外婆，是他俩含辛茹苦地将你带大，并让你成为妈妈心目中聪明智慧、通情达理、善解人意的孩子。也因为能将你放心地交给外公外婆带，爸爸妈妈才得以安心工作，让我们全家丰衣足食，安常处顺！这一切归功于两位老人家，古话说得好：谁言寸草心，报得三春晖。所以你要谨记，定要知恩图报，以孝为先！

时光荏苒，随着你茁壮成长，你上中学了。"初一不相上下，初二两极分化，初三天上地下"的话语一直绕着我的耳边回响。我深知文科是你的软肋，特别是课外阅读理解及写作，但是妈妈相信你不需要我用教条式的方法，也不需要妈妈啰唆提醒，你一定会努力找到一套适合自己语文学习的方法。一切学问没有速成的，特别是语文，只要你行动起来，有持之以恒的毅力，利用碎片时间多阅读。读得多，自然而然品鉴和理解能力将得到提升，也因为读得多，词汇得到积累，增加了自身内实力，肚子里才有"笔墨"。

你在英语的学习上，也许是因为学得太着急，急得好像是在应付考试，而导致基础不够牢固。如果学习是为了考试，这样会本末倒置，因为你没有很好地掌握知识点，单词突击往往记得不牢，一旦考完试以后，最易淡忘。你在妈妈心目中一直是一个很自信的孩子，但在对待学习英语的态度上你好像有些偏差，好像有些不够自信。所以，妈妈建议你：咱们既然学，就要学扎实、学精，牢记单词，这是学英语的基石，要自信大胆地开口读，通过APP多听、多跟读，提高自己的听力及阅读能力，妈妈相信你一定可以把自信找回来。

数学及物理你在补习中心提前预习时，总能掌握得较好，这证明你接受新事物能力极强，但深入变化题型时，你却反应不够灵敏，这就显露出你学知识只是浮于表面，并没有深研、沉淀。妈妈也与你的科任老师探讨过你的学习问题，老师对你的基础知识掌握是认可的，并希望你能够多主动与他们沟通请教。再就是要多刷一些新颖的题型来训练自己的应变能力，并通过限时完成来提高做题速度，错题一定要订正，并不时拿出来温故。只有多刷题，不断纠错再训练，你在真正上"战场"时才能够做到不乱阵脚，才能做到轻而易举地攻下属于你的"城池"，改掉马虎、粗心大意的习惯。妈妈相信以上学习的建议，你长期坚持下去，不仅理科成绩能稳步上升，同时，你会发现自己更加沉稳、认真、细致和成熟。你的智力受到锻炼，脑袋才不会"锈蚀"。孩子，请记住这些，认真对待，并且脚踏实地地去做！

在学习时间的安排上，妈妈相信你懂得提前规划及安排，能分清轻重缓急，合理安排好学习进度及功课，不让自己感觉到身心困顿、劳累。良好学习习惯的养成，对你以后上高中也是有益的。孩子，未来还有差不多五年的艰辛苦读，你要在心理上提前做好准备。学习是件很辛苦的事，正如你们詹老师所说：你要学会苦中作乐，辛苦这几年换取人生以后几十年的优越、舒坦。所以你要多锻炼意志，这才是你目前最应该做的事，"吃得苦中苦，方为人上人"。当然，要靠你坚强的信念，克服一切困难，不是件容易的事，但是你非克服不可，你是聪明人，会觉悟的。

作为父母的我们，为了你，我们不怕艰辛，不辞劳苦，只要是为你好的，对你有帮助的，我们都尽力去做。我们希望你不仅是我们的孩子，更能成为我们的知心朋友，希望你随时跟我们分享你的快乐、你的忧伤，想哭就哭，想笑就笑！我们紧跟你的步伐，乘风破浪，一起迎接属于你的未来！

加油，我的孩子，相信你一定是最棒的！

妈妈

2019年2月10日

### 严格的您和毫无要求的我

亲爱的妈妈：

　　您是一位辛勤的园丁，无时无刻不严格要求我，而我却对自己毫无要求。

　　那是一个周末的早晨，阳光一缕缕射入房间。我睡眼蒙眬地起了床，听着鸟儿婉转动听的歌声，悠闲地坐到书桌前，开始学习。

　　这时，在不远处传来一阵脚步声，这脚步声打破了这美好而悠闲的早晨。哒、哒、哒……一步步向我靠近。我转过头去，呀，原来是您啊！您走到我书桌旁，拿起我的英语书，说道："我现在帮你听写英语单词。""什么？听写英语单词？我完全没有背啊！"我心里想道。在毫无准备的情况下，我接受了您的考验。

　　听写完后，我心情十分轻松，心想：总算过了这一关，终于可以去玩了！可是，没过多久，生气的您把画满红色记号的听写本摆到我面前。我仔细一看，"这不是刚刚听写的单词吗？错了这么多啊！不过没关系，以后再背，反正距离中考还有很长时间呢。"我毫无要求地说道。严格的您并不同意我的说法，并严厉地说道："几个简简单单的单词你都能错，你对自己要求太低了，今天必须记下所有单词。"毫无要求的我嘴上答应您可并没有实际行动。

　　第二天，老师突然抽查单词，我猝不及防。面对老师发下的默写本，我十分绝望，那一个个空格就像萍水相逢的陌生人，不知如何填写。我十分后悔，要是听从您的要求，我就不会遇到这么多"陌生人"了。以后您的要求，我都认真遵从，严格要求自己！

　　又是一个周末的早晨，阳光依旧明媚，您让我把所有的单词都背得滚瓜烂熟。虽然这任务量很大，但我严格按照要求——背诵并默写。后来，又遇到了老师的测试，全副武装的我遇到了那些"老朋友"，露出了微笑，最终得到了老师的赞扬！

　　严格的您改变了毫无要求的我，使我不断进步。感谢您，妈妈！

　　祝您

天天开心，心想事成！

您疼爱的儿子：杜佳晋<br>2019年2月14日

## 亲子两代书信之六：《礼物》与《辛苦与幸福的比值》

（作者系2020届5班的臧琳同学及其家长）

### 礼物

亲爱的妈妈：

　　您好！

　　如果说人的成长就像寻找礼物的过程，那么最终的礼物就是人生价值得到体现。我现在已经收到了许许多多的礼物：出生时得到了来到这个美好世界的通行证；7岁生日时拿到梦寐以求的玩具车；9岁时捧着奖状初尝成功滋味；12岁上初中时遇见新的朋友；14岁时步入紧张而又重要的学习阶段，每天过得忙碌但也充实。

　　您常说，我是上天赐给您最好的礼物。但我觉得，"我"这份礼物实在是包含了太多的辛苦与坚持。听您说，我小时候身体不太好，经常感冒发烧，每当我生病时，您总是日夜守在我身旁，不是测量体温就是喂水喂药，往往到我好转的时候您就病倒了。随着我慢慢长大，接踵而来的是学说话和走路的问题。您向我讲述着我刚会叫妈妈的那瞬间，您的脸上神采飞扬，仿佛又看到8个月大的我吐字不清地叫出了："妈妈！"

　　终于是去上幼儿园的年龄了，我却不安分，在幼儿园带领几个小男孩出逃。随着年龄的增长，以前那个颇为顽皮，又总是赖着妈妈不放的小女孩不见了，取而代之的是渐渐变得独立自主、正处于青春期的女孩。母女之间对事情的看法也开始有分歧，每当这个时候，您总是不厌其烦地与我进行沟通。

　　您是一位称职的好妈妈，您几乎全方位地陪伴着我，您见证了我14年来所有的开心与失落。

　　您总是会提起小时候的我，脸上也总荡漾着温柔笑意。所有关于我小时候的一切您都不舍得丢，放在箱子里，它们早就布满了岁月的痕迹。

　　祝您

身体健康！

工作顺利！

您的女儿：臧琳

2019年2月11日

辛苦与幸福的比值

亲爱的孩子：

　　你好！感谢你的到来！让我尝到做母亲的辛苦与快乐！

　　从你牙牙学语到蹒跚学步，我有太多太多的回忆。

　　你小的时候抵抗力差，经常感冒，每当你感冒发烧妈妈都如临大敌，方寸大乱，在你床边架起简易床整晚陪在你身边，不停地测量体温，喂水喂药，每当你有所好转后妈妈都好像卸下重担般，随后我也马上病倒了，所以，我们家生病都是循环似的，往往你病好了，我又跟着病了。

　　感谢有你，带给妈妈无穷无尽的快乐。记得你读幼儿园的时候，因为你比较顽皮好动，经常是大汗淋漓，衣服都湿透了，有一天我打趣地跟你说："孩子，你为什么这么爱出汗呀？"你歪着小脑袋一本正经地说："因为我是汗（汉）族的呀！"我顿时捧腹大笑起来，你实在太可爱啦！

　　还记得你读小学的时候，有一天，我网购了一个装杂物的柜子回来，拆开包装一看顿时傻了眼，一大堆的零配件散落一地，不知道该从哪里开始安装，正一筹莫展的时候，你跑过来说："妈妈，我们一起安装吧！"然后一本正经地拿起安装说明书认真地研究起来了，最后我们母女俩花一小时终于把柜子安装好了。

　　还有一次，妈妈不小心弄伤了手，鲜血直流，妈妈当时疼得说不出话来，你跑过来抱着妈妈，学着妈妈平时跟你说话的口吻说："妈妈，不怕啊！宝宝在呢！我马上给你拿药水给伤口消毒！"妈妈当时感动得热泪盈眶！

　　感谢有你，每年陪妈妈去旅游。每次出游的时候，你都帮助妈妈做出旅游计划，详细了解旅游目的地的人文景观，有几个景点，需要多长时间游览完，乘坐什么交通工具最便捷，当地有什么特色美食……

你是一个听话、懂事、优秀的孩子，都说辛苦与快乐并存，我觉得只有满满的快乐，辛苦则显得微不足道了。

你是泊于青春港口的一叶小舟，愿你扬起信念的帆，载着希望，驶向辽阔的海洋。

祝你

学业进步！

天天开心！

妈妈

2019年2月12日

## 亲子两代书信之七：《让学习和交流成为家庭的习惯》与《给孩子的一封信》

（作者系2020届11班的赵景成同学及其家长）

让学习和交流成为家庭的习惯
——给爸爸和妈妈的一封信

亲爱的爸爸、妈妈：

你们好！

你们知道，我是个不擅长口头表达自己感情的人，所以我决定给你们写信，把很多很多话说给你们听。

首先，我要感谢伟大的母亲生下了弟弟！我再也不是独生子女了，即使我和他之间有那么大的年龄差。他是那么的可爱，两只眼睛睁得大大的，骨碌骨碌地转着，好奇地探索着这个美妙的世界，脸蛋肥嫩肥嫩的，白白胖胖，好讨人喜爱。当然，他有时也很调皮，不抱就哭，或是晚上不睡觉在那乱叫。这个小家伙可把你们给折腾得不轻啊。我当然知道你们真的很辛苦，白天要上班，晚上回家还要带弟弟，有时连觉都睡不好。这些我都看在眼里，记在心里。

我知道你们可能心中总有一个担忧，担忧我会不会产生嫉妒心。我做了十几年独生子女，早已习惯了以自我为中心，可突然来了个和我"争宠"的人，难免有些不习惯。但是你们放心，这是我弟弟，我是他大哥，我会慢慢改变心态的。况且你们做好了作为父母该做的一切，比如总是对我的学业很上心，总是抱着弟弟帮我辅导作业，教我知识。每次出去玩，都会给我们兄弟俩带礼物，谁都不会落下。不管是在学习上的教导，生活上的关心照顾，还是以身作则教我做人的道理，你们的无微不至，让我感到了爱意浓浓，感到了温馨的、充满爱的家庭氛围。

作为你们的长子，我想给你们道歉，也希望你们能多多理解。我也不知道最近是怎么了，心情烦躁，你们以前眼中的乖小孩会顶嘴了。我那天回到家里真的很累，我想玩玩手机休息一下，可我才拿起来就被你们说教"一旦不努力就会被超越"。我当然明白这道理，可有时我也控制不住我自己。我知道这样不好，会伤了家庭的关系与和谐，但青春期嘛，希望你们能理解。不过最好是我们能多在一起交流，能更好地了解彼此，减少矛盾的发生。

我希望，我们之间能够互相学习、互相交流，一起进步。多一些这样有思想、有内涵的交流，即使我长大后去远方求学，我也希望能和你们保持书信联系，能和你们的心在一起。我想，那时候，每一次拆信封时的激动心情，是无可替代的！

爸爸妈妈，来吧，让我们一起努力，让这个家有更加浓厚的文化氛围，变得更加温馨、幸福。同时，我也想成为弟弟最杰出的榜样！

你们的儿子：赵景成

2019年2月12号

## 给孩子的一封信

亲爱的儿子：

你好！

第一次以书面的形式给你写信，觉得这种方式很特别也很有意义，读了你写的信，我感到幸福又激动，你的想法令我惊喜，你的成长让爸爸妈妈感动！正如你所期望的，我也希望今后待你离开家去远处求学深造的时候，我们能经常以这种形式进行深入的沟通和交流，让我能真正参与你成长的每一个阶段。

记得你还在读小学五年级的时候，我们一家三口报团去旅行。你和爸爸先上了车，我随后跟着上车，旁边同团的旅客问你，我是不是你的"姐姐"，那时候心里挺高兴的，竟然没被别人看出我的年龄来。近年来，你总爱称呼我为"妹妹"，我嬉闹着说，"好吧，我就是你的妹妹！"话出口的那刻，我的心里也是美滋滋的。是的，你已经长成一米七的大小伙了，读初二年级，学习成绩保持在年级前列，身心健康，当上班干部为班集体和同学服务。孩子，你是爸妈的骄傲，我们以你为荣！

你大概已经不记得小时候的事情了吧，让妈妈带你一起走进时空的隧道，追忆美好的时光。

我最陶醉于每次与你牵着手一起走路的时光。你两岁半的时候，妈妈每天早上与你手拉着手去上学。短短50米的路上，你总爱跟我讨论前一天晚上一起读过的睡前故事，我每天会给你一个充满信心的拥抱并说声"再见"，然后就各自上学和上班而去。你年龄稍长一点，我们每个周末几乎都会到文化书店看书，为了争取更多的相处时间，我总是要求你跟我一起走路去拱北。尽管当时你很不情愿地跟我一起走，而今这些走过的路却是充满美好的回忆。一路上我们看木棉花开花落，感受冬去春来，车水马龙的道路上总有不少美妙的新发现，让你每天都能增长一点点知识。

五岁的时候，你特别喜欢唱英文歌曲，然后我毅然地牵着你的手，走进了TPR课外兴趣班的课堂，家和TPR课堂间来回之路，我们一走就是十年，一路上，我们一起学习成长，你教会了我数十首英文歌曲，这些歌到现在我还会唱："I wanna try even though I could fail, I won't give up no I won't give up"，我教会了你"what\when\who\why\how"……

时光荏苒，你现已进入初中二年级，正处于青少年成长的关键时期，妈妈心里很是紧张，毕竟父母也是摸着石头过河的呀！幸亏每次开家长会，我都能从学校和老师那里获得教育知识，并且了解到你所遇到的老师都是学识渊博、经验丰富的良师益友，你一定要明白自己生活在一个多么幸福的新时代里，无论是社会、学校或家庭，提供的各项学习资源都一应具备。然而，学习的主体是你自己，你才是真正的"主角"！只有你自己树立起目标，脚踏实地、一步一个脚印地完成知识的积累、运用、总结和创新，你才能距离自己的目标越来越近，才有可能实现自己理想的生活和人生。

习近平总书记说过："我们都在努力奔跑，我们都是追梦人。"是的，每个人都应该拥有自己的梦想，有了梦想，我们就希望满满。而我希望你更加关注的是如何实现自己的梦想，妈妈认为实现梦想没有捷径，梦想是拼出来的，幸福是奋斗出来的，时刻别忘记勤奋才是实现梦想的主要路径。业精于勤荒于嬉，马上迎来初二年级下学期了，孩子，请用你的实际行动向着梦想前进吧！

孩子，在信息化时代里，知识更新神速，我们要学会学习、总结和创新，学习要讲究方法和策略。下学期又有新增科目了，希望你能合理安排各科目的学习计划、学习时间，做好各科功课的预习、复习，认真做好学习笔记。期待新学期里，你的学业能上一个新台阶。

我最喜欢你读书的模样了，也很珍惜亲子阅读的时光。记得我们一起读过李开复写的《世界因你不同》，路遥写的《平凡的世界》，等等。阅读让人增长知识、拓宽视野、提升高度，正所谓"腹有诗书气自华"，阅读将让你终身受益，请你一定要坚持阅读，养成阅读的好习惯。

积善能裕，怀德惟宁。孩子，我想让你明白，人的品德是做人的根基，希望你努力做一个德才兼备的人。我们在生活中要常怀感恩之心、善良之心，多做有益于社会、他人之事。能助他人者，必有大智慧、大格局，更容易成就大事业！希望你在学习和生活中，慢慢体会和实践这个道理！在新的一年开春之际，让我们满怀信心一同向着阳光奔跑，一起追梦！

祝

学业进步！

开心快乐！

妈妈

2019年2月16日于珠海

## 亲子两代书信之八：《岁月——记得，不记得》与《致女儿》

（作者系2020届12班的赖思含同学及其家长）

### 岁月——记得，不记得

亲爱的妈妈：

您好！

庄子在《知北游》里说："人生天地之间，若白驹之过隙，忽然而已。"岁月像个无情的小偷，在我渐渐长大的同时，把您的青春也渐渐偷走。回顾往昔，不知不觉中，我们已经相处了如此之久。

还记得，在我小学四年级时，突发了一次高烧，那是我人生至今烧得最高的一次，当时正值秋冬季节，是最容易得流感的时期。凌晨，我迷迷糊糊地感觉到头很痛，像是要炸开似的，皮肤烧成了病态的红，我能感知周围，却又没法睁开眼皮，不知道该怎样摆脱，开始不安分地动起来。

烧到早上，临近上学时分我却还没醒来，于是您打开我的房门，看见我烧红的脸，一摸，我听见了您的惊呼："怎的这么烫？！"您赶紧把我摇醒，简单帮我收拾了下，飞快地骑单车把我送到了医院。我看见您因匆忙只穿了件薄衣，外面只披了件薄薄的针织外套；我看见您因快速骑单车流下的汗水；我听到医生对您的斥责；我看到您因为担心我而内疚又忧虑的表情；我看见您紧紧地抓住我另一只没在输液的手，贴在您的脸上，温柔地对我说："别担心，会好起来的。"

我早已不记得从小到大具体生过多少次大大小小的病，却还记得您那乌云密布般忧愁担心的脸。

都说人生总会遇到两个人，一个惊艳了时光，一个温柔了岁月。而您，就是那个温柔了我岁月的人。

还记得2019年的寒假，那时临近春节，要做扫尘，收拾屋子，于是我们一起动手。我在收拾抽屉的时候，翻出了一沓医院的资料和收据，我跑去问您那是什么，您打开看到，笑了，说："这是你的出生证明、准生证等东西啊。"接着您又翻出了一个类似手环的东西。"诶，你看，这是我当时生你住在医院时挂在床头的资料卡。"我接过，随意把玩了一下，又看了几眼那些收据，满不在乎地说："除了医院的那些证明，收据和这个都没什么用了，丢了吧！"说完，随手一甩，把资料卡扔到一个僻静的角落。

您责怪地看了我一眼，默默把它捡回来，疼惜地摩挲了几下，生气地说："扔它干吗啊，这些都别扔！你是不知道，这可是你妈一生的宝啊。"听完，我的手滞了下，愣住了，看了您一眼，放下手中的东西，继续去收拾抽屉。我翻到最底下，露出来一个本子，不大，挺厚，是个普通的单行簿，泛黄、破旧，封面上只画了个爱心和两个单词"My Love"，打开，像是十多年前写的日记，字迹清晰可辨。我悄悄看了您一眼，偷偷地把本子拿出来躲到房间里去看，入眼两三行，就惊住了。我细细地看了一部分，眼角不时闪过晶莹，又悄悄地放了回去，转过头坚定地跟您说："妈，咱不扔了，永远都不扔。"

我永远都不会告诉您，我偷看了您的宝贝，只是一小部分，却值得我铭记一生。

"那时候我刚生完你，还没多看你几眼啊，就睡过去了，只模模糊糊地看到护士把你抱去育婴室。后来要出院了去接你，护士把你抱出来的时候，你还在睡觉，我接到手上的时候，你忽然就醒了。我挠了几下你的脸，你就抓住我的手，嫣然一笑。那个时候啊，我就知道，这个小小的可人儿，是我要关心疼爱，小心翼翼照顾一生的宝贝。"

我早已忘记成长中坎坷不平的点点滴滴，但我还记得您那观望我的恬淡宁静的脸。

我早已忘记多少次惹您生气，但我还记得您那极力控制冲动，忍住训斥我的神情。

我早已忘记生活的不易与艰辛，但我还记得您那咬牙苦干的表情和时刻准备握紧的拳头。

三毛说："岁月极美，在于它必然的流逝，春花，秋月，夏日，冬雪。"我知道岁月是个神偷，但请让我，作为您的孩子，拥有一个秘密且自私的希望：请岁月不要偷走您的容颜；请岁月温柔待您；请岁月留下你那温柔宁静、恬淡幸福的脸庞；最后，请岁月不要偷走您那份情真意切的爱。

您的孩子：赖思含

2019年2月8日

### 致女儿

亲爱的孩子：

在你长大的每一天里，希望你都是快乐的。

孩子，可能你从没听到爸爸妈妈跟你说爱你，但你不用怀疑，我们真的很爱你，可能这就是我们这一代人的传统——不爱口头表达吧！再过12天你就要14岁了，14年前你来到我们身边，你不知道当时我们有多么高兴，全家人为了你的到来做了多少准备。你的到来是我的骄傲！

孩子，你小的时候长得白白胖胖的超好看，很喜欢笑，你小时候的衣服都是奶奶亲自为你缝制的，奶奶经常把你打扮得漂漂亮亮，有时把你抱到小区楼下去玩，全小区的人都夸你长得好看，当时的我别提有多高兴了！你上小学了，学习成绩一直不错，我们也一直以你为傲，谢谢你的努力！进入初中了，为了让你有更多的时间学习，家里的事从来不用你做，这也让你养成了很多不好的习惯，在今后的日子里希望你能把这些坏习惯改掉。在饮食上，你经常为了菜的问题让我伤透脑筋，你因为没有满意的菜而不吃饭的时候，我真的不知道怎么办，你要知道多吃不同的菜才能营养均衡，所以希望你能正确认识这个问题并加以改正。可能我们经常问你作业做完没，问你考试考了多少分你会觉得紧张，其实这些你都不用害怕，这只是爸爸妈妈关心你的一种方式，不代表我们只在意成绩，只要你尽力就好！

孩子，人的一生总在为不同的事情而努力追逐，我们希望你能有自己的理想，有一颗为理想而奋斗的心。人的一生如果失去了理想，当他回首往事的时候，才会发现原来自己的一生是一片空白。理想是为了丰富人的一生，人的一生是为了理想而奋斗。我们只是希望你有一个丰富而又精彩的人生，一个不会后悔的人生！

人生的道路是漫长的，在这条道路上留下能让自己铭记的脚印，是需要付出艰辛与努力的。孩子，希望你不要惧怕这些，因为这些是你做事情的根本，是你成长的基石，是你实现梦想的武器。

孩子，祝福你有一个健康，快乐的人生。

妈妈

2019年2月10日

这些亲子两代书信，记录的亲情，就像春日里的甘露，总能在悲怆的岁月里，鲜活怀旧者那风干的记忆；就像夏日里的绿荫，总能在炎炎烈日中，撑起迷茫者的蓝天；就像秋日里的阳光，总能在萧瑟的风雨中，温暖失落者的心田；又像黑夜行走中不期而遇的明灯，在最黑暗、迷茫与困顿中，给予温暖、光明与方向。

这些亲子两代书信，让我们知道往事并不如烟，让我们感受到了浓浓的亲情和爱——这些书信，让我们觉察到母爱像海一样的博大，而父爱则像山一般的巍峨。在这些书信中，在家长和孩子相互倾诉中，我们发现，写信虽然是波澜不惊的方式，但足以使刻骨铭心的记忆，随着时光变得悠远静美，就像阳光下宁静的大海。我们埋首阅读，沿着时光的隧道，跟随着这些亲子两代书信，走进一个个生命现场——忽如风中转篷，飘向一个个未知，感触一个个温暖，内心早已波翻浪涌，不能自已。

这些书信，让我们见字如晤。书信中的一些细节，让我们感佩不已。家长们对孩子的言传身教，家长们在讨生活的不容易中，挣扎着尽最大可能地为孩子的未来提供支撑，让细读这些文字的我们，内心充满温暖、希望和力量。

滚滚长江东逝水，浪花淘尽英雄。一封封亲子两代书信，一个个家庭的亲子叙述，让我们看到了一个时代的风貌。这些书信，既有对时代变革宏大背景的思考，又有对个体生命的细微刻画，我们可以从两代人的书信中窥见历史的一隅。同时，我们从这些亲子两代书信中，目睹亲人之间的骨肉情长，感受到家国情怀，深刻地体会到爱、包容、同舟共济、深情与担当。

小书信，大情怀。

就让我们这样行走着、倾诉着、记录着、深爱着。

# 家长段位制的
# 劳动教育

习近平总书记寄语青少年："生活靠劳动创造，人生也靠劳动创造。""你们从小就要树立劳动光荣的观念，自己的事自己做，他人的事帮着做，公益的事争着做，通过劳动播种希望、收获果实，也通过劳动磨炼意志、锻炼自己。"劳动的重要性，不言而喻。"五育并举"提出两年多来，夏湾中学一直在思考如何补齐劳动教育短板，使"五育并举"不停留在口号阶段。夏湾中学作为一所外来务工子弟居多的学校，依托家长与区域条件，打造夏湾中学特有的劳动教育课程体系，达成有教育意义的劳动活动，才是最生态高效的可行之路。由此，夏湾中学行政团队带领劳动学科组老师，开始了夏湾中学"爱与智慧"劳动教育的系列思考，并提出了以构建劳动教育课程体系为突破口。

夏湾中学"爱与智慧"的劳动课程体系，共四大板块十大系列，包括家务劳动、劳动技术、社会服务、志愿服务、职业体验、考察探究和专题活动等，以及党团活动、学生发展指导、社会实践、研究性学习、研学旅行等，重在提升学生劳动能力，涵养学生劳动品质，力求将劳动教育常态深入开展，形成学校、家庭、社会共育的劳动教育氛围，将"爱与智慧"的劳动教育理念融入具体的课程内容当中，贯穿到活动的全过程之中。夏湾中学劳动课程体系，分必修课程和选修课程。必修课程着眼于学生良好劳动习惯的养成，让学生在课程中真正付出劳动，学习基本生活技能，提升适应生活的能力。选修课程采用合作研究的学习方式，让学生体验不同的职业，培养学生的综合实践能力以及创新能力。课程体系的构建与课程基础的建设同步，使得劳动教育由说教变成亲历，由零散走向系统。

夏湾中学"爱与智慧"的劳动教育，从传统的、单一的劳动教育中成功突围，提供了鲜活的、丰富的实践样本。夏湾中学依托劳动课程基地，借力"爱与智慧"劳动课程，让学生在实践中磨砺，在创造中成长，促进每一位学生"五育"的高品质发展，让学生在劳作中爱自然、爱科学、爱艺术、爱生命、爱学校、悟人生。

教育不是干瘪的数据可以度量的。因为，道德、智慧、能力等许多无法在短期内彰显的生命品质是在劳动中生成、发展的，而这些恰是生命的成长和丰富不可或缺的要素。夏湾中学师生完全有理由相信，在"爱与智慧"的劳动教育大道上，伴随着"五育并举"的落地生根，夏湾中学的教育之路必定越走越宽，夏湾中学的校园生活必然越来越美，师生未来必将越来越好。

# 第一节　夏湾中学劳动教育课程体系

"爱与智慧"劳动教育课程是夏湾中学"爱与智慧"课程体系的重要组成部分，是夏湾中学为实现劳动教育"树德、增智、强体、育美"综合育人价值而专门设计的课程体系。

夏湾中学"爱与智慧"的劳动课程体系，引导学生热爱劳动。通过劳动教育引导学生崇尚劳动、尊重劳动，懂得劳动最光荣、劳动最崇高、劳动最伟大、劳动最美丽的道理，长大后能够辛勤劳动、诚实劳动、创造性劳动；引导学生"智慧"劳动，通过劳动实践让学生懂得智慧主要是在劳动中得来的，发挥创造性思维，有智慧地劳动，淬炼自己的人格品质。夏湾中学还重视以课题研究的形式来落实、突破"爱与智慧"劳动教育课程实施的难点。2020年6月，《"爱与智慧"劳动教育课程的实践研究——以珠海市夏湾中学为例》成功立项为广东省教育研究院2020年度中小学劳动教育专项研究课题。

"爱与智慧"劳动教育课程包括以下几类。

**1."树德"劳动课程**

（1）"i志愿"主题劳动系列。

（2）"家国情·悦读行"主题研学劳动实践系列。

**2."增智"劳动课程**

（1）STEAM劳动课程系列：3D打印制作、创新走马灯制作等。

（2）"艾"主题STEM劳动系列。

**3."强体"劳动课程**

（1）"中草药进校园"主题基地劳动系列。

（2）居家劳动主题教育系列。

**4."育美"劳动课程**

（1）"无尘校园·高效学习·有序生活"系列。

（2）"劳动教育促成长·职业体验促规划"劳动教育暨职业体验生涯规划系列。

（3）夏湾中学家长学校亲子劳动课程：跳蚤市场系列。

（4）传统节日文化传承劳动实践系列：中国年等。

夏湾中学重视劳动教育教师队伍建设，优化课程结构，通过课表课程、活动课程、社团课程等方式，确保劳动教育课时，有学生值日制度和组织学生参加校园劳动，并积极开展校外劳动实践和社区志愿者服务，学生志愿活动获珠海市香洲区志愿服务铜奖。

夏湾中学拓宽劳动教育的时空，与家长学校的"家长段位制"整合，以小手牵大手的形式，进行亲子劳动教育，开展多种形式的系列亲子劳动活动，取得了较好的成效。在"爱与智慧"劳动教育课程实施过程中，夏湾中学重视跨学科整合、多项目整合，如与广东省STEM实验课程建设一起，做"艾"主题劳动的系列课程，获得了香洲区第三届STEAM大赛的优秀组织奖及香洲区中小学劳动大赛一等奖，并在区劳动教育成果现场展示会中展出。我们还紧密结合夏湾中学学子的生活实际，组织了"无尘校园·高效学习·有序生活"、"劳动教育促成长·职业体验促规划"劳动教育暨职业体验生涯规划系列活动、"艾"主题STEM劳动系列等劳动教育，深得家长、学生的喜爱，并多次得到"珠海特区教育""香洲教育"等媒体的报道。

为方便记录劳动教育课程体系中各项活动的情况，并作为德育考核评价体系，我们专门印制了珠海市夏湾中学"爱与智慧"劳动教育课程体系活动记录本，其评价内容包括参加劳动次数、劳动态度、操作水平、劳动成果等，评价机制力求实现自我评价、同学互评、教师评价、家长评价、社会评价五位一体，坚持过程性评价与结果评价的有机结合。值得一提的是，我们非常突出表现形式评价，组织开展劳动技能大赛和劳动成果展示，增强劳动素养评价和价值体系的考核。同时，从2021年1月起，劳动教育课程评价列入学生综合素质评价体系，作为学生核心素养的三年记录，直接与中考录取工作挂钩。

我们还开始了创建"爱与智慧"劳动教育的课程基地。要盘活这个课程基地，主要的思考有三：一是整合区域劳动资源，对接育人转型要求；二是改变传统劳动观念，对接新时代劳动教育要求；三是打破学科传统界限，对接学生核心素养培育要求及"五育并举"要求。具体地说，就是学校站在教育主体地位，通过科学系统的课程设置，协调家庭、学校、社会三个领域的劳动教育资源和力量，形成三方系统合作的横向劳动教育体系。

夏湾中学劳动实践基地建设包括两项内容：一是夏园毓秀楼五楼天台怡然亭的中草药园，二是主题研学劳动基地。主题研学劳动基地，我们充分借力学校周边的夏湾市场、炮台山公园等配套实施，进行劳动教育。自建基地，外向联系，打造全方位、多层次的劳动课程研修实践基地。

为突出育人目标的引领作用，达成劳动教育的科学性，我们借力学校三位劳动学科教师，特别是科组长何瑜老师的市名教师工作室，充分发挥名师的带动、引领作用；整合学校内外教师资源，对接区教师发展中心、市教研中心劳动教研室，组建课程实施团队，搭建学习培训、研讨交流、成果申报等平台，打造由德育处、班主任、家长共同组成的能适应劳动教育的教育团队，对夏湾中学课程实施情况开展行动研究，总结梳理阶段性经验成果，带动学校打造"爱与智慧"的劳动教育品牌。2021年1月，香洲区中小学劳动教育成果现场活动在夏湾中学举行，夏湾中学劳动教育成果摊位备受赞誉，江学英校长在现场会上做夏湾中学劳动教育经验介绍。由此，依托"爱与智慧"劳动教育体系，夏湾中学劳动教育达成了四个方面的教育效能：一是变革了传统劳动教学模式，二是提升了学生的劳动兴趣，三是促进了教师多样化成长，四是彰显了夏湾中学的办学特色。

促进师生的共同发展，是夏湾中学教育永恒的主题。从学生方面来说，夏湾中学的劳动教育改变了以教师、课堂、书本为中心的局面，构建了以学生为主体的多元化学习方式，学生在劳动中亲近生活、了解生活、探究生活，并在其中，学会创造，懂得协作。从教师方面来说，跨学科的劳动课程建设加深了教师团队的危机感，促使教师在压力之下积极开展教研活动，自我提升，有利于务实型科研氛围的创建以及学习型教师团队的打造。

教育不是单向的，教育者在教育实践过程中必然会有收获，其自身素养得以提升，这是教育的魅力所在，更是夏湾中学劳动教育的魅力所在。

# 第二节　夏湾中学劳动教育在全区推广的活动体系

## 一、无尘校园·高效学习·有序生活

无尘校园，舒适的学习生活来自校园的干净、整洁。学生既要懂得适时清扫、擦拭，又要保持清洁，使校园一直保持干净。每天的小组值日，使学生学会清扫与擦拭的方式，学会分工与合作，学会责任与担当，在卫生清洁的小事中，学会成长。

高效学习，需要科学地整理资料包，学会将资料归类收纳，不将时间浪费在寻找的细枝末节。在学习资料的整理中，学会分类整理归纳法，从而运用于知识体系的构建和思维导图的习得上。

有序生活（我的美居我做主），主要是家务劳动、家居的整理以及作息时间的有序规划。无论是知识、资料，还是衣物等实物都一样需要断、舍、离。而学习、生活、娱乐、休憩、亲子活动沟通，都需要将时间合理规划，做到作息有度，生活有序。

## 二、传统节日活动

春节喜庆、清明缅怀、端午追忆、中秋团圆、重阳敬老……每个节日都因风土人情的不同，有着不同的习俗。文化是民族的精神内核，家乡的传统节日活动、传统美食等，只有参与，才能够传承。

## 三、综合性学习实践活动

综合性学习活动自由、多样，如缝扣子、织衣服、制作香包、创作衍纸画、剪纸、烹饪、黏土塑形等。劳动，除了参与，还需要学习技巧。在劳动中发现美、欣赏美、创造美。

### 四、我的"i志愿"活动

参加学校或社区组织的志愿服务活动，学会服务与分享。每年寒暑假，夏湾中学教育者组织丰富的公益活动：走进华平社区，陪伴那里的儿童，共享童年的欢乐；走进敬老院，为老人送上欢快的舞蹈和贴心的陪伴；去特殊孩子身边，陪伴他们做手工、做游戏，一起度过美好的时光；走进珠海市图书馆，为图书馆宣传传统文化、摆放书籍……

### 五、职业体验及生涯规划

参加学校组织的学工学农、假期研学等社会实践活动。在家长的协助下，了解职业教育、体验职业乐趣、树立职业理想，如学习消防知识、应急救护体验、插花、舞蹈、茶艺、手工制作等。

夏湾中学师生正是这样通过实实在在的劳动，去帮助遥远的同龄人，关心陌生的弱势儿童。就在这些习以为常的点滴教育中，社会责任和家国情怀牢牢扎根在孩子心中，成为夏湾中学学子永远的集体人格与夏湾中学记忆。可以说，凡是在青少年时代，以自己的行动感受过最崇高幸福的人，无论何时都会是一个"心怀天下"的人。这，正是新时代我们所需要的"有担当"的人。

# 第三节 "无尘校园·高效学习·有序生活" 家务劳动

日常点滴的居家清洁、烹饪、收拾整理，是对孩子们最容易进行的劳动教育，也是最有成效的劳动教育。

常常听到"熟悉的地方无风景"这句话。

但，我们恰恰忽略了——最熟悉的地方，最能影响我们的内心。

很多时候，当我们长期处在一个空间时，会忽略这个空间本身带来的影响，所以，就有了"熟悉的地方无风景"的感慨。但，《扫除力》中说：如果你所在的环境脏乱，梦想和好运就会溜走，而且如果你放任不管的话，脏乱的房间还会给你招来厄运。

学习的环境、居住的房子总在潜移默化地影响着学习者、居住者的精神面貌。清扫环境，其实也是在清扫自己的内心，扫走坏情绪。有一个很著名的研究，通过多年调查发现：幸福感强的成功人士，往往居住环境都很干净整洁。

所以，夏湾中学从2018年9月开始，在家长学校的亲子课程中，开设了"无尘校园·高效学习·有序生活"的主题劳动教育活动。这一主题教育活动，引导夏湾中学学子，在校关注自己的校园环境、学习环境，从"无尘"开始，到自我课桌的整洁——整理抽屉、断舍离学习资料、规整学科资料包、根据个人实际情况制订科学的学习生活作息规划，高效学习；在家关注居住环境的整洁有序，"小手拉大手""我的美居我做主"，从书桌、卧室开始，学会居家的清洁、整理，学会烹饪，做到在家的高效学习、有序生活。

我们欣喜地发现，一年多的践行，通过"无尘校园·高效学习·有序生活"主题劳动教育活动，使夏湾中学学子体会到"熟悉的地方，也有最美的风景"。夏湾中学学子在最熟悉的地方，通过自己的劳动和努力，在校园和家中，与老师、同学一起，与家人、亲友一起，找到了学习的高效方法和成就感，感悟到了生活的有序和美好！

采撷八篇文章，作为这次主题活动的成果推送出来。我们会继续"无尘校园·高效学习·有序生活"主题劳动教育活动，希望继续在润物无声中，带给夏湾中学学子"最熟悉地方"的"最美风景"，为夏湾中学学子一生的有序、有效、有爱奠基。

# 主题活动一：从"无尘校园"到"无尘家园"

夏湾中学2018级5班　邱思恬

以前，在家里，我不是一个爱整理东西的人，所以经常找不到东西，书桌乱得放不下手，这些，都可以说是我旧时生活的"日常"。

自从学校开展"无尘校园·高效学习·有序生活"主题活动以来，我体会到了：一张干净整洁的书桌，不仅可以快速找到东西，还能大大提高我们的学习效率。所以，我尝试着把每样东西都分门别类放好，用完再放回原处。小小的改变和尝试，给我带来了惊喜——"断舍离"带来的洁净舒适，让我更专注于学习。看来，整理书桌的好习惯要一直保持下去。

在练琴时，我猛然发现钢琴上已经积了厚厚儿的一层灰。日常的居家卫生都是妈妈做的，近期妈妈特别忙，我能不能分担一点呢？学校的主题活动让我开始悟到：家里的事情不能全是妈妈一个人做。于是我拿了一块干净的抹布，一点点把灰擦干净了，钢琴泛起了亮光，如新的一般。在这个过程中，我也体会到了平常看似轻轻松松的擦灰除尘，真正做起来，需要十二分的耐心才能做好。

后来，我又盯上了我们家的大书架。我先把书本搬下来，一本一本摆好，再用抹布把书架擦干净，做完后已是满身大汗。但看着整洁的书架，我升起了好好阅读的冲动。

从"无尘校园"到"无尘家园"，我知道了虽然做家务很累，但也是寻找幸福的一种途径。在日常点滴的劳动实践中，我体验与理解了父母的辛苦，懂得了不怕苦、不怕累的精神。

"一屋不扫，何以扫天下？"谢谢夏湾中学，我在"无尘校园·高效学习·有序生活"中懂得了这个道理。想做成大事，就要从做好各种小事开始，从无尘校园、无尘家园开始。

## 主题活动二："断舍离"带来的"小确幸"

夏湾中学2018级5班　苏梓莹

在学校，我经常会因为在上课前找不到放在抽屉里的试卷、小本子而烦躁，每次，心里都会想，明明当时就放在这里面了啊，怎么会不见了呢！之后它们再出现在我眼前，已经是我不需要它们的时候了。

自从学校开展"无尘校园·高效学习·有序生活"主题活动以来，我开始定期对抽屉"断舍离"，开始使用资料包分科目整理学习资料，再也没出现这种情况。

回家后，我进到房间，开了灯，往椅子上一坐，手肘支在一沓书上，手臂无法在书桌上平放开来就换了个姿势，忽然手肘被一个不起眼的东西硌着了，急忙拿开手肘。糟糕的事情发生了——刚才不经意间，我打翻了水杯，弄得满桌是水。忍着烦躁清理完水渍后，我才意识到该打扫自己的房间了。总得找一个突破口下手才行，环顾一下房间，最终眼睛定格在书桌和书柜上。我皱了皱眉，抿着唇，想着要怎么打扫这些杂七杂八堆起来的东西。"心动不如行动，要快！"我不断给自己打气，很快，我行动起来。

先整理书桌。书桌上的东西虽然摆放得还算有规律，但是太杂乱了。桌面上的书本被我随意地搭成"小楼房"。笔和手表这些小物件被我随意放在书本上。书架上的日历、书籍也被我随意堆在一块儿。真不知我前段时间怎么受得了这乱糟糟的书桌！

撸起袖子加油干！我麻利地把桌上的书本先拿出来摆在书柜上，把笔放进笔盒、笔筒里，把手表放进一旁的收纳盒中；书架上的耳机线放进收纳盒，日历旁边的书籍挑个好位置按顺序摆放好；书架左上方的东西也都收拾整齐。整理完后，我拿抹布擦去灰尘，擦书桌时，因为灰尘太厚，其掉落时我直打喷嚏——心里庆幸，幸亏我现在收拾了。

转过身来，看向书柜。最上层的书都是疫情期间我积累下来的书。又是一声叹气——迟早要为自己的懒惰买单的。

我拿起放在最上面的那本书荡一下，满是灰尘，连忙把口罩戴上，才敢重新收拾。拿纸巾擦去每本书封皮上的灰尘后，开始一本一本从高到矮地摆放……

大概一小时过去了，房间最乱的两处地方已经变得整洁干净了，看着自己毅然决然"断舍离"之后的成果，心里是大大的满足啊！

一个美好的环境能让我们有心情去学习，在学习上更有动力。

整洁干净的环境，总会让人感到舒适自在。

珍惜这"断舍离"带来的"小确幸"。

# 主题活动三：我爱我家

夏湾中学2018级5班　吴彦麟

## 美丽夏中，我的家

美丽的夏湾中学，我的家。在校园里，保洁的叔叔与阿姨每天起早贪黑，不辞辛苦地干活，为的就是让我们拥有一个干净的学习环境。但是，我认为要想维护校园环境，不能光靠保洁的叔叔阿姨，更要靠我们自己，因为，我们才是学校的主人。自从学校开展"无尘校园·高效学习·有序生活"主题活动以来，我更意识到了这一点。

对于如何使我们的校园环境更加整洁，我有以下几点思考：

（1）以爱护校园环境为己任，自觉维护校园的清洁卫生。

（2）从我做起，从现在做起，养成良好卫生习惯，不乱扔垃圾。

（3）提倡"弯腰精神"，随时拾起地上的垃圾，扔进垃圾筒。

（4）爱护公共设施，不乱涂乱画，不踩踏草坪，不攀折树枝。

（5）自觉与不文明行为说再见，与不文明行为做斗争，为保护校园文明贡献自己的一分力量！

每一个夏湾中学学子都行动起来，每一个人都做好日常的卫生保洁工作，我们的校园定能无尘而美好！

## 整洁家园，我在行动！

这是一个星期六的下午，我完成了作业，不由感叹："终于可以休息了！"可是，一不小心，就踩到了在地上"趴"着的练习册。环顾四周，无意间发现本应整洁的房间是如此的凌乱：床上，衣服、书本与床单卷在一起，好像被洗劫了似的；地板上，练习册正躺在冰凉的地面上瑟瑟发抖，地板上的课外书堆积如山，书架上的工具书乱七八糟——这样的环境让刚刚做完作业的我崩溃——收拾吧，少年！

第一步，整理好所有的书本。把其他闲杂物品放到一边后，我开始测量每本书的大小，并根据大小把它们分为三类。第一类是长约18厘米，宽约12厘米的工具书；第二类是长约20厘米，宽约15厘米的课外文学类书籍；第三类是长约25厘米，宽约20厘米的教辅类书籍。将这些书籍分门别类地规整好后，打扫房间的任务已经迈出了坚实的一步。

紧接着，扫地与铺床。书本清理好后，地板变得清爽了许多，但是要想让房间变得干净整洁，还是略差一点。清理地面比我想象中简单得多，铺床的难度却是超出预期——床单的皱纹总是迫不及待地冒出来，而我总是顾此失彼，铺好了这头，另一头又冒了出来。在我使用军训学会的"铺床大法"后，这些"躁动分子"终于冷静了下来。

经历了超长的整理之后，那些衣服都"钻"进了衣柜，书本也都在书柜上"缓缓入睡"了。感到疲劳的我，突然想到妈妈是多么不容易，她为我忙前忙后却从不喊累，她的奉献精神是多么可贵！

我爱妈妈，我爱我家！

现在的我，终于明白劳动的艰辛。我知道，在以后的生活中，我会为我们家分担更多的家务。这样的话，房间会更加干净，妈妈也会更加轻松。或许，这，才是开始真正成长；这，才是劳动带给我最深刻的体会吧！

# 主题活动四：劳动使人快乐

夏湾中学2018级5班 夏婉珍

我是一个很懒的人，不太喜欢做家务，但，偶尔也会帮妈妈做一些。

洗碗虽然不是一件很难的事情，但是步骤很多，作为一名家庭成员，以后要多帮家里做点家务。劳逸结合，每天学习之后扫扫地、擦擦窗，看着清洁之后整齐、洁净的环境，心情愉悦。

是的，劳动使人快乐。

以前自己做过很多笔盒，可每次使用的时间都不长。这次去买了一个，两块钱，不算贵，可以分类，不容易坏，使用的时间会很长。

以前，笔都是到处乱放，我也不爱收拾，经常买了没多久就找不到了。所以，这次一整理，就发现了好多支2B铅笔。很喜欢这个笔筒，感觉自己要买好多笔才能填满它，我再也不会找不到笔了。除了能找到笔，对于我来说，还要有一个静心阅读的地方。我的书桌准确来说其实就是一个小飘窗，我的作业都是在晚托班写完的，所以在家时大多都是看书。

晚上开着窗和台灯，靠着映着月亮的窗户，吹着微风，听着城市的喧闹，不管多么波涛翻涌的心情总像平静的潭水，偶尔因为书中的故事泛起阵阵涟漪，又渐渐平静下去。这里也是一个让我梳理情绪的好地方。

整理小飘窗，整理书桌，成为现在我每天的日常。真的，劳动使人快乐。

## 主题活动五：从整理沙发开始，过有序生活

夏湾中学2018级5班　钟雯玉

居家生活中，我们不应只是共享者，也应是创造者、分担者。

在学习之外的空闲时间，我们不应只是拿着手机看，而应做自己力所能及的家务事。

做家务，是家里每个人都应该尽的义务：地板每天要打扫，才能保持清洁，不留污垢；整理沙发，保证沙发上不堆积杂物，使其美观有序。

沙发在我家客厅是一个显眼的存在，横跨了大半个客厅。所以沙发的整洁决定了客厅的整体观感。每次整理沙发时，先要清洁沙发的坐毯，抖动浮尘。用鸡毛掸子掸掉沙发上的灰尘后，再次把毯子整齐地铺回去。沙发顶上最好不要留下杂物，自己的物品应摆放回自己房间，也方便自己寻找。

整理完沙发后，便是扫地。在学校，我们实行轮流值日，值日劳动体验让我知道每个人都必须分担相应的清洁任务；在家里，扫地这项任务也是轮流制，学校的扫地任务让我积累了经验，懂得如何扫地更有效率，如何利用更加正确的方法。例如，以前扫地都是拿着扫帚和垃圾铲一起走，边走边扫。扫多了之后，知道可以先把垃圾扫到一起，再用垃圾铲铲走，提高了效率，节约了时间。

日常的居家清洁、保洁活动，看似简单，但要坚持下来，也实属不易。简单的沙发整理、地板清洁，都蕴含着朴素的劳动道理。

诚如《朱子家训》所言："一粥一饭，当思来处不易；半丝半缕，恒念物力维艰。"谢谢夏湾中学的"无尘校园·高效学习·有序生活"主题劳动教育活动，我在体验中感悟到了劳动之后带来的有序、愉悦。

家务活里，我在改变——从共享，到分担。我们家也在改变，从整理沙发开始，从每个人对所负责的家务活尽责、坚持开始。家，变得越来越整洁、越来越温馨。感谢劳动，带来了有序生活，带来了愉悦的亲子关系，更带来了高效的居

家学习体验和更美好的生活质感。

　　所以，我想说：爱劳动，爱生活！

# 主题活动六：思念，温暖，岁月无尘

**夏湾中学2018级2班　荣佳滢**

　　这个冬天，我和所有人一样，但我又和所有人不一样。步入初三，匆匆四季吹来了我的14岁。窗外的古木树叶被风吹散，一张张试卷被埋藏在无人知晓的枯枝败叶下，我回首自己的尘埃岁月里的梦想与远方，不觉，中考来了。

　　那个沉闷的下午，我坐在家中院落的石凳上，四周满是灰尘，我面如死灰地看着自己的成绩单，望向远方，眼神里又好似充斥着迷茫。母亲已然看出我的忧愁，扫了扫周围的灰尘："这到处都是灰尘，怎么能学得进去呢？一时考砸需要重视，但更要停下来看看自己，整装待发。"恍然，我大彻大悟。

　　匆匆冬夏春秋，一年年讲台上记满知识点的教案和满黑板的笔记，空气中的粉笔灰也沉淀下来。太阳从云层中透过一抹霞光，悄悄包裹住我。我明白：改变自己，更是要改变自己所处的环境，积极面对失败。

　　那天我一直没吭声，只一心做好书桌整理。我看着从前一张张记载着我的青春的试卷散落于空中，时光的沉淀在书卷上留下痕迹，我拍打试卷，整个房间扬起灰尘。我一遍遍反复用抹布擦拭书桌上的油污，掸去尘埃，挥动手中拖把擦拭落满灰尘的地板，用雕花塑料瓶花洒给房间里的每一盆绿植洒上自然的甘露。不知不觉，墙上挂钟分针带动着时针绕了小半圈。房间变得焕然一新。

　　我总以为，房间脏乱一点没什么，还是要节约时间集中全部精力用于学习。后来我明白，房间脏乱确实没什么，可是学习的那颗心也开始随着尘埃的散落蒙上了灰尘，渐渐地失去了对生活的热爱。

　　此时校园温暖，岁月无尘。在高压学习下的我们渐渐把这样代表积极态度的仪式感抛到脑后，每天处于日复一日规律的学习下，一天又一天，过着枯燥无趣的日子。但我们不该遗忘生活的仪式感，应该拾起手中的工具，清扫环境，清扫那颗浮躁的、被灰尘遮盖的心。

院落无尘，书桌无尘，自身无尘，内心无尘，岁月，亦如此。整洁的环境有助于更好地学习，更是学习生活状态的体现。当院落无尘，于是，眼前的苟且被诗和远方取代；沉闷的空气溢出惊喜的呼喊；鲜花和绿植充满着生机，又似万丈迷津都烟消云散，蓦然回首，那个更好的自己亦在灯火阑珊处。

我酷爱花草树木，酷爱指尖轻抚书页纸张……无尘是仪式感，亦是一种生活态度。

我循着漫漫青春路，仍在寻找那个更好的自己。一路上世界明朗热闹，空气湿润清新，殊不知一路寻找的人，正是那个努力前行的自己。她在思念岁月的温暖，以及那一段无尘岁月。

## 主题活动七：无尘校园　用心生活

夏湾中学2018级6班　黄冰妮

"业精于勤荒于嬉，行成于思毁于随。"这一经过时间考验的名言，在历史中一次一次得到印证。而我，也在失败中吸取了同样经验。

"随"一直是我生活的缩影——家中的个人用品随意摆放，文具、资料布满各个房间；教室内，抽屉里书籍杂乱无章，过多的资料占用着公用过道；校园里，无视映入眼帘的垃圾，放过自己无意创造的碎屑……与此同时，看似不足为道的"随"却深深影响着我——我在自己营造的乱而差的环境中，心烦意乱，无法静心做事；我为别人带来的阻碍引我惭愧，令我懊悔；我为没有真正将学习用于生活，只停留于"应试"而自省……

"无尘校园"号召已久，我才在失败中渐渐响应。

最容易做到的便是整理自己的课桌。正值初三，各式资料纷纷下发，以以往的"随"对待，只会为后来频繁的"寻找"以及无意义的"耗时"埋下伏笔。

在这时，老师多次强调过的"资料包"便发挥了巨大作用。我将资料以科目为单位区分，有序放入各个资料袋。为了区分不同科目，资料袋也使用不同的颜色，以"语数英物化政史"的顺序摆在抽屉左边。而经常使用的本子我也以同上的顺序放在抽屉右边。事实上，一个抽屉的空间远远不足以放下所有的用品，我在他人身上学到了可以购买挂在桌子旁的有十几层的"收纳挂袋"，这样一来空间便"绰绰有余"，我也不会因挡住他人的路，影响他人值日而内疚，当然也为静心学习扫清了一定的障碍。

从个人到班级，需要的不只是一个人的努力，没有共同的付出难以造就一个良好的环境。班级的卫生打扫以小组为单位轮流进行，约一周进行一次，工作量算是相当少的。一般要处理的有：黑板、地板、窗台、走廊、桌椅摆放。黑板的整洁程度常常影响老师的上课心情，也许因个人追求不同有时可"不拘小节"，可为了避免意外发生，我们应以最高标准要求自己，将简单的事用心做，在完成"任务"的同时变得更细心。容易被忽视的往往是窗台的打扫。我在值日时总能擦出厚厚的灰，而如果每天都能花几分钟处理，结果怎会如此呢？所以"无尘校园"不仅需要每个人的参与，更需要我们的"火眼金睛"发现被遗忘的"尘土"。

在我看来，校园带动家园，是顺理成章的。如果家中仍保持原来的"随意"，那我在校的所有努力都将付诸东流。我慢慢开始注重日常的整理，将烦琐的事情化为力所能及的小事。我将学习资料从各处集中到自己的房间，再进一步集中在书桌的周围，不仅使家里变得更美观，也减少了诸多不必要的纷争。

我要以失败后汲取的经验警示自己，不仅要在学习中努力，更要在生活中用心。

# 主题活动八：宅家劳动初体验

夏湾中学2018级5班　张文希

"丁零零"闹钟响了，我揉着眼把闹钟关掉，顺便看了眼时间，"六点三十分，周——六？"

周六！可真是太好了，虽然放假，可上了一周课的我还真挺疲倦。我躺在床上开始慢慢悠悠地思考着今天的行动计划。

首先，先吃点东西，然后坐一会儿消消食就去写作业，大概一个小时后可以干点自己喜欢的事，休息一会儿再继续学习……这么想着，我用遥控器打开了房间里的灯，刚下床就感觉自己踩到了些什么，定睛看了看，原来是我的笔袋。

我环顾了一下周围，发现好像很久没有自己整理房间了，原本干净敞亮的屋子，此刻变得乱糟糟的，木质的地板上散放着许多书籍、文件袋，床边也是堆了很多杂物，书桌上更甚，简直成了书的天堂，边上还放着一瓶饮料。

不等我想太多，肚子开始抗议了，寻思着平日里妈妈对我的关心与爱护，打开房门，妈妈没有要起床的迹象，我做了个大胆的决定，今天的三餐我包了，还要在新年到来前收拾好自己的屋子。

来到厨房，一时竟不知道该做些什么，打开厨房上方的柜子，果不其然找到了一袋面条。脑子里有了决策，煎个蛋，煮碗面捞一下酱，配瓶奶，好像还不错。

说干就干，等我煮好面已经是半个小时后了，看了眼时间，七点半啊，妈妈还没醒来，我把捞好的面条放到盘子里，用盖子盖好，来到房间开始思索我该从哪里开始收拾房间。约莫着过了五分钟，想着这种天气食物还是容易变凉，我到妈妈的房间叫醒了妈妈，并告诉了她我的决定。

"好家伙可以啊，想要收拾东西了。"

"嗯，太乱了自己有点看不下去，而且今天不上课，就想收拾一下，对了我已经做好早餐了，一起吃吧！"

说完我就出去了。

　　吃完早餐我才回到房间，先把脏衣服丢进洗衣机里，把没穿过的衣服叠好放进衣柜；收拾了一下地面上的书本，将书本放进书桌下的柜子里；收拾桌面，将书本作业练习归类放好，用小摆件装饰，使桌面显得不那么枯燥；用掸子将书柜上方的尘灰扫去，再把书本放好，把桌子上的垃圾扔入垃圾桶；去拿了扫帚，开始清扫屋子里的积尘。

　　做完这一切的我，头上蒙上了一层薄薄的汗，原来打扫卫生并不那么简单，看似一点点的工作，耗费的时间可不止一点，原来房间也不会一直干净，看了眼坐在沙发上的妈妈，我跑过去抱住了她。

　　谢谢您不言的付出，让我在学习时可以享受一个干净利落的环境，谢谢您在我回家后送上的一杯热水，一句关心。我明白了，劳动虽不似想象般轻松，但劳动是最光荣的。


　　持续一年多的"无尘校园·高效学习·有序生活"主题劳动教育活动，使一大批的夏湾中学学子在劳动教育氛围的熏陶下，关注校园环境、学习环境。在无尘美丽的夏湾中学校园、温馨的家庭港湾里，夏湾中学的学子们已经找到了高效学习的成就感、感悟到了生活有序的从容与优雅。

　　夏湾中学学子已经成功踏出一步。但，我们常说：做一件事并不难，难的是坚持！坚持一下也不难，难的是在日复一日、年复一年新鲜感荡然无存时，我们仍然能够坚持！我们深深地相信：夏湾中学学子能够坚持"无尘校园·高效学习·有序生活"这一主题劳动教育活动，能养成"爱劳动、爱学习、爱生活"的良好习惯，能在坚持中成就美好！

　　是的，"断舍离"需要坚持、规整需要坚持、生活需要坚持，学习如此，人生亦如此。我们的人生就是一场旅行，旅途中有鲜花掌声，有狂风暴雨，也有旖旎风景。淡然看待我们所遇到的困难，用心经营我们所拥有的美好。我们会发现，因为有更多的坚持，学习生活也更加丰富多彩。让我们再次整装出发，一起让校园更美、学习更高效、生活更有序。

　　坚持，终将成就美好！

# 第四节　夏湾中学"爱与智慧"宅家劳动教育

一勤天下无难事。习近平主席曾在全国教育大会上作重要讲话，特别强调广大青少年劳动教育的目的：要在学生中弘扬劳动精神，教育引导学生崇尚劳动、尊重劳动，懂得劳动最光荣、劳动最崇高、劳动最伟大、劳动最美丽的道理，长大后能够辛勤劳动、诚实劳动、创造性劳动。

家庭是人生的第一课堂。劳动教育从娃娃抓起，从小培养劳动观念、养成劳动习惯，对人的全面发展具有重要的意义。今年，突如其来的疫情打破了学生平静的学习生活，在这个特殊的时期里，"停课不停学"的夏湾中学学子虽然宅在家中，但依然保持着良好的学习习惯，并围绕着致敬抗"疫"英雄、坚持居家锻炼、"爱与智慧"主题劳动教育活动等项目开展了丰富多彩的德育实践活动。

一直以来，夏湾中学倡导学生做到德智体美劳全面发展，决不能"偏科"。凡事预则立，不预则废，在"爱与智慧"宅家主题劳动活动中，学校还引导学生提前做好劳动计划并制作切实可行的劳动记录表，把每一天的劳动项目、劳动效果及收获记录下来。

于是，夏湾中学学子一边宅家学习，一边主动承担居家劳动任务。其中，"居家教室·高效学习"是提醒学生自主整理学习资料包、清洁桌面，学会归类收纳，使自己能在舒适的环境中学习；"菜羹佳肴·美味人生"则是建议学生向家中长辈请教烹饪之道，学做美食，这既是生活之需，也是对勤劳与坚守的传承；"综合实践·创造美"提议学生关注生活，通过缝扣子、织衣服、制作香包、剪纸、插花、做贺卡、绘画等活动，在生活中发现美、欣赏美、创造美。

学生亲身体验了各种各样的宅家劳动实践活动，各班涌现出一大批"厨艺高手""家务能手""创作达人"……学生通过劳动实践，不仅学会一些基本的生活常识、劳动技能，同时也体会到了成长的乐趣，增进了亲子之间的感情。

夏湾中学倡导的宅家劳动活动得到了家长的一致认同，家长们鼓励孩子多做家务，有劳才有得，多劳才能使自己成长得更好。家校融合，真正使劳动教育落到了实处，并很好地培养了孩子的责任与担当意识。

李大钊说过："我觉得人生的求乐方法，最好莫过于尊重劳动。一切乐境，都可由劳动得来，一切苦境，都可由劳动解脱。"尊重劳动，崇尚劳动，便是在希望的田野里播撒下种子。劳动吧，少年！愿你在劳动中养成"爱与智慧"的情怀与担当，诠释少年最可爱的模样！

2020年，注定是不平凡的一年。自延迟开学以来，"停课不停学"开启了宅家学习新方式，学生每天浸泡在网课中，汲取知识的养料，但宅家也要做到德智体美劳全面发展，决不能"偏科"。一边学习，一边主动承担居家劳动任务，有劳才有得，多劳才能使自己成长得更好。现在，我们就来开启这份居家劳动秘籍。

### 珠海市夏湾中学2020年"爱与智慧"宅家劳动教育方案

#### 一、作业内容

（一）居家教室·高效学习

（1）宅家学习，舒适的学习环境来自居室的干净、书桌的整洁。同学们既要懂得适时清扫、擦除，又要坚持保洁，使居家教室成为最能静心学习的地方。每天进行居室打扫，学会清扫与擦拭的方式，学会责任与担当，在卫生清洁的小事中，学会成长。

（2）高效学习，需要科学整理资料包，学会将资料归类收纳，不将时间浪费在寻找的细枝末节。每天学习后，养成分类整理资料包的好习惯。

（3）有序生活，主要是家务劳动、家居生活的整理。

（二）菜羹佳肴·美味人生

美味与形色兼顾，正是中国人的饮食哲学，家庭美食的传承，就在每天厨房里的平凡琐碎中。掌握一项烹饪技艺，既是生活之需，也是对勤劳与坚守的传承。

（三）综合实践·创造美

综合性劳动实践，自由、多样。例如，缝扣子、织衣服、制作香包、创作衍纸画、剪纸、插花、做贺卡、绘画、雕刻等。劳动，除了参与，还需要学习技巧。在活动中发现美、欣赏美、创造美。

## 二、设计居家劳动记录表

### 1. 凡事预则立

做好劳动计划，可以是每日，也可以是每周。倡议每位同学每天完成不少于一个小时的居家劳动任务。什么时间劳动、学习，每天做哪些劳动，与家长一起做好计划。

### 2. 制作劳动记录表

根据自己的劳动计划，设计一个美观的劳动记录表，把自己每天完成的劳动项目、劳动效果、劳动收获记录下来。

## 三、注意事项

### 1. 注意安全

在安全情况下完成居家劳动，注意做好劳动防护，避免在劳动过程中受到伤害，准备必要的劳动防护装备（如手套等）；必要情况下请家长或家庭成员协同完成，保障劳动安全。

### 2. 注重实践

习近平总书记说："生活靠劳动创造，人生也靠劳动创造。"新鲜感只是一时，有时每天的劳动是重复而枯燥的，但是劳动是每个人生存和发展的基本要求。希望同学们能在劳动中加强实践，不轻易放弃，不拈轻怕重，亲历实践、亲手操作，增长劳动技能。

### 3. 家庭互动

居家劳动不是一个人的事情，希望同学们在居家劳动的同时能和爸爸、妈妈及家庭其他成员一起参与，共同完成居家劳动的各个过程。

### 4. 创造性劳动

可以根据自己的喜好，选择不同的劳动项目，根据家庭环境和实际情况安排不同的劳动。

5.注重记录、总结、反思、交流

**四、优秀作业展**

（1）将自己每周的劳动作业交到班主任处。作业以图片的形式上交，可以采用拼图的形式，保证图片清晰。

（2）上交的照片要围绕一个主题，如选择以下其中一个主题：

①居家教室·高效学习。

②菜羹佳肴·美味人生。

③综合实践·创造美。

④居家劳动记录表。（可以按照日期编排照片）

（3）班主任进行班级评选，择优推选到年级，进行微信推送。

（4）初一、初二全体同学参加，初三选做。

珠海市夏湾中学<br>2020年3月18日

# 文章一：一心营"爱与智慧"宅家劳动

夏湾中学2018级1班

有总是从无开始的；是靠两只手和一个聪明的脑袋变出来的。

——松苏内吉

## 一、班级宅家劳动概况

鼠年初，中国迎来了一个特殊的时期，正常的工作、生活和学习受到了较大冲击。但在这个特殊时期中，每个人都没有停下劳动：医生不眠的坚守岗位是劳动，护士悉心照料病人是劳动，警察日夜执勤是劳动，教师网上辛勤的教导学生是劳动，志愿者协助运送物资是劳动……当然，劳动不分职业，学生也不例外。

全体学生宅家学习，看我们班学生如何在家里解决无聊吧！朱同学在家做板凳榨果汁，洗切放榨他全能；舒同学心灵手巧把炒饭做，卖相看起真不错；陈同学在家脑洞大开，花盆染发乐悠悠；赖同学书架大变身，手中书儿排排坐；林同学手心仿佛有魔法，书桌忽地大变样；两位陈同学挥挥剪刀制卡片，心意送达父母笑；黄同学能干小手理黄豆，配着苦瓜真长寿。你瞧，同学"宅"家真欢乐，整理做饭样样齐。他们回到学校又怎么开展劳动？

窗户经历了风吹雨打，铁锈覆盖在门上，灰尘遍布每一张桌子，粉笔的痕迹已不见踪影，地上都是纸碎屑。直到我们回来，回到学校，擦拭相伴我们已久的窗户、室门和课桌椅，清理打扫"厚脸皮"的地板，给黑板的刀疤敷点"金疮药"。这些不都是我们学生在体现劳动的价值吗？

劳动是风，吹拂着生活之表；劳动是水，流淌在生活肌体之内；劳动是火，温暖在健全的心灵之上；劳动是阳光，照耀在健康的灵魂之上。处于劳动之中的人，总是心无旁骛地朝着坚定的目标前进，他们有必胜的信心，有战斗的勇气，有坚守的毅力，懂得劳动的真谛并享受着劳动带来的愉悦。

劳动创造了物质生活，劳动创造了中国人辉煌璀璨的五千年，劳动也将创造华夏儿女的美好未来！初二（1）班向前冲！

## 二、劳动感悟（家长的话+孩子的话）

因为特殊原因，孩子们由在学校学习转为了在家学习，环境的改变，虽然刚开始让孩子们感觉到一点点的不适应，但经过一段时间调整，还是很快适应了新的环境。

孩子们的学习环境变成了自己家，可能会有人认为"宅"在家是不是会让人变得比较慵懒呢？当然不会！只要我们作为家长的带好了头，孩子们是会在我们的带领下开始行动的。

在我们的带领下，孩子们能够主动地整理好自己的书桌、书房，有的能帮自己的父母打扫卫生，有的还能为自己的父母制作美食，还有的甚至能照顾自己的父母，像洗头发、染发之类的。令人为之动容的是为感恩父母而制作的一些手工，我们是看在眼里，感动在心中，虽然可能只是一张小小的卡片或者一些折纸，但这些都代表着他们的感恩之心，使身为父母的我们感到非常欣慰，甚至是骄傲。

在非常时期，我们初二（1）班的孩子们却没有"非常地"对待任何一刻，每个人都会在家好好学习，积极地做家务，即使是"宅"在家，我们的心也不会被"宅"住。

## 文章二："鸿鹄志"学子们的"中国良方"

夏湾中学2018级3班

我国对艾草的研究源远流长，艾草有温经、去湿、散寒、止血、消炎、平喘、止咳、抗过敏的功效，同时，在房间里用艾熏烟还可以进行消毒、杀虫等。

为学习健康保健知识，创新劳动技能，宅家实践"中国良方"，同时发挥关注现实问题、培养社会责任感的综合实践活动课程的育人价值，延期开学期间，2018级3班的家长们配合孩子，展开了探究艾文化的活动。

**1. 创新"艾"美食**

中医认为"正气存内，邪不可干"，体质弱是发病的关键，人体脏腑功能旺盛协调、气机调畅，"正气"就足，抗病、康复能力就强。

生活中常见艾糍糕、艾蛋等，我们一起来看看"鸿鹄志"学子们做的"艾"美食吧！

**【艾饼制作攻略】**

**步骤1**：把艾叶洗干净，放入盆中捣碎备用。

**步骤2**：把炸好的花生仁去皮和炒熟的黑芝麻放入小盆中，捣碎加入适量的白糖、食用油拌匀备用。

**步骤3**：在大盆中放入糯米粉500克和150克的黏米粉，再倒入捣碎好的艾叶汁，加上适量水，揉搓成团。

**步骤4**：把揉好的面团分成小团，把小团擀开，放上馅，收口搓圆再压平。

**步骤5**：把艾饼放上蒸笼，大火蒸15分钟就可以了。

**2.香囊防疫**

制作香囊是我们中国的传统手艺，古人勤劳的双手和过人的智慧将中草药和布袋相结合，以达到保健益气的作用。通过学习制作香囊让同学们了解中国的优秀传统文化，制作出的香囊不仅是劳动成果，更是沿袭了中国优秀传统文化。

艾叶有独特的香气，常闻可起到芳香避秽、芳香化湿、开窍醒神的作用，气机顺畅了，脏腑增强了，抵抗力就强了。为了增强抵抗力，2018级3班的家长跟孩子们一起利用芳香中药材：艾叶、醋乳香、藿香、木香、川芎、白芷、苍术等，制成了一个个防疫香囊，给家人及至爱亲朋使用，希望大家都平平安安。

**3.活动感悟**

马增铭同学的感悟：

通过这次制作，我了解到了许多关于"艾"的文化、清明节做艾饼的意义。艾饼，又叫艾粿、田艾饼，是一种汉族客家小吃，主要盛行于广东南方客家人聚集的地方，如梅州和湛江等，以梅州丰顺和湛江雷州的最为有名（有客家人的地方就有这种食品）。一般是选在清明及农历七月十四的鬼节制做，很多村寨到了这一天，都要制作这种绿油油的艾饼吃，当地风俗说是吃了可以驱病消灾，远离鬼怪。

这是我第一次制作艾饼，不足的地方有很多，如错误地把艾叶一起放入了粉团中，或是水和面粉的比例没有控制好。但在这次制作中，我也学到了许多的知识，在发现一颗颗的白糖在蒸煮后变成了糖水时，我想起了上学期物理课学到的熔化。

失败乃是成功之母，这次的经验，可以让我们下次有更好的准备。我们要面对每次的失败，为下次做更好的准备。《傅雷家书》中讲到"一个人唯有敢于正视现实，正视错误，用理智分析，彻底感悟；终不至于被回忆侵蚀。我相信你逐渐会学会这一套，越来越坚强的。"

林洁盈同学的感悟：

通过这次"艾"文化活动，知道了艾叶有很多用处，不仅能做成艾饼，还能做成香囊，并且通过这次活动锻炼了自己的动手能力。白衣天使们在为我们保驾护航，我们也要为自己、家人做好该做的工作。

刘淼泇同学的感悟：

这次的实践活动十分有意义，利用芳香中药材制作成手工艺术品，在特殊时期给予亲朋好友们一点防护，礼轻情意重。这个活动不但锻炼了我们做手工的耐心和手艺，还可以拉近好友关系，一举两得。

**4. 家长评价**

马增铭家长评价：

通过艾饼的制作，让增铭了解了清明节制作艾饼的意义。整个过程他积极参与，遇到问题想办法解决，丰富了生活实践经验，也将知识应用于实践中。

钟行家长评价：

学校组织的这次活动真好！让平时不进厨房的孩子走进了厨房。在制作"艾"美食的过程中，不仅锻炼了孩子的动手能力，还培养了孩子解决问题的能力（因为家里没有榨汁机，艾草和馅的捣碎成了一个大问题，孩子用擀面杖和一个小盆就解决了问题）。当艾饼出笼，孩子品尝美食的时候，我想这不只是带给他味蕾上的满足，更多的是一种成就感以及"艾"文化的魅力。

陈旭家长评价：

艾草不仅是传统节日——端午节的重要组成部分，同时也是中华中草药的精华。值此清明之际，制作艾饼、艾团，熏艾灸，和孩子一起缝香囊，让孩子在劳动的过程中体会到了小小的艾草散发出来的巨大的中华中草药魅力，同时在他的心中种下了一粒关于发扬中华优秀传统文化的种子，如何继承和发扬中华优秀传统文化是今后值得探讨的课题。

## 文章三："敏学堂"的"爱与智慧"宅家劳动展

夏湾中学2018级5班

高尔基曾说：我们世界上最美好的东西，都是由劳动、由人的聪明双手创造出来的。其实我们生来就是一群劳动者，是劳动让我们创造出了这个七彩世界。是劳动，让田野瓜果处处飘香；是劳动，让生活变得更加多姿多彩。

往年过春节，大街上人来人往，张灯结彩，好不热闹。但今年情况特殊，我们不得不改变计划待在家中。我们只是普通人，只能按照要求乖乖"宅"在家里，尽可能贡献自己的一份小小力量。而"宅"在家里的几个月，我们初二（5）班敏学堂的宝贝们，也"宅"出了自己的精彩。

看这被整理后整齐的书桌，看这一道道诱人的美食，看这用一张张再普通不过的纸折出来的一个个精美的作品，看这条理清晰的计划表，都是同学们在家里"宅"出的点点精彩瞬间！

青春啊，永远是美好的，可是真正的青春，只属于这些永远力争上游的人，永远忘我劳动的人，永远谦虚的人！劳动吧，初二（5）班的少年们！

### 1. 居家教室·高效学习

在紧张的学习生涯中，有时候，劳动也是一种放松，是提高学习效率的"法宝"——整理好书桌，把文具、书籍分门别类放好，亲手创造出整洁舒适的学习环境，会使得我们的学习事半功倍！

劳动也需要智慧——扫地考验我们的细心；拖地考验我们的身体素质；浇水能培养我们的耐心；整理衣橱，让我们在"断舍离"中逐渐学习管理自己的生活。

### 2. 菜羹佳肴·美味美食

亲自动手，整理出干净整洁的环境，愉悦我们的身心。自己动手，丰衣足食——自己动手烹饪美食，大快朵颐，品尝生活百味。香辣的虾、鲜嫩的鱼、清甜的白菜、酸爽的鸡爪，这些人间烟火气让我们对生活也不禁多了丝丝的热爱。

**3. 综合实践·创造美**

有人能让书本在书架上"立正站好"，有人能用各式食材"变"出美味的菜肴，有人能用一张张普通的纸"变魔术"——灵动的千纸鹤，复杂的战斗机……当然，更不用说，有人的手指在屏幕上能用色彩和线条飞舞创造出美丽图案啦！嘿嘿，用眼睛欣赏美的同时，让我们动起手来，一起用实际行动来创造美吧！

**4. 活动感悟**

学生感悟：居家劳动，让我们与家长一同参与家务活，让我们做父母每天做的看起来不起眼的家务活动，让我们体验了一把"当家做主"的感觉。我们体验到了每日家务的繁重，换位思考，我们也更加体谅家长了，在往后的日子，我会自觉承担家务活。我们懂得要在写作业前后整理桌面，保持整洁，为自己提供好的学习环境。同时，在结束当天的学习任务后，也不忘提前准备好第二天上课所需的书籍，不会让第二天早上手忙脚乱。在制作菜羹佳肴时，我们跃跃欲试，我们的家长或在一旁指点帮助，或和我们一起动手，更多的时候他们让我们用自己的方法诠释美食的意义。制订劳动计划表增强了我们安排时间的能力，让我们学会合情合理地统筹时间。

家长感悟：感谢学校组织的这次活动。这次活动，不仅让孩子在创造、动手能力方面有所增强，还拓展了孩子的知识面，发挥了孩子的想象力，使得孩子更有主见与想法。"爱与智慧·宅家劳动"活动让家长们成为监督、帮助的角色，和孩子一起亲身体验生活的充实，增进了亲子关系——家长和孩子都从中受益！
（钟雯玉家庭）

# 文章四："山海阁"的"爱与智慧"宅家劳动展

夏湾中学2018级9班

**1. 班级宅家劳动概况**

为了响应宅家也做到德智体美劳全面发展，承担居家劳动任务的号召，同学们积极宅家劳动：对于"居家教室·高效学习"活动，同学们自主收纳整理资料，清洁桌面、学习区域，争取使自己在舒适的环境中学习；对于"菜羹佳肴·美味人生"活动，同学们向家长请教烹饪之道，学做美食，这亦是对勤劳与坚守的传承；对于"综合实践·创造美"活动，同学们发动自己的动手能力，用自己灵巧的双手去创造生活中的细节之美。

**2. 居家教室·高效学习**

条理清晰而又干净整洁的书桌不仅能够让人心情舒畅，而且能够使人提高学习效率，起到事半功倍的作用。为了使"居家教室"成为最能静心学习的地方，同学们都积极参与整理"居家教室"活动。

一屋不扫，何以扫天下？长期的自我约束，让我们更容易保持高度的纪律性，保持清醒的头脑。

**3. 菜羹佳肴·美味人生**

看了同学们居家活动的照片，想必这几位同学在这样干净整洁的环境中学习生活一定是很愉悦的吧！在居家生活期间，干净整洁的环境带给我们愉悦的心情，而美味的菜肴让我们在学习外感受另一种愉悦。下面就来看看大厨们亲手烹饪的佳肴吧！

**4. 综合实践·创造美**

掌握一项烹饪技能，即是生活之需，也是对勤劳与坚守的传承。体验完了美食烹饪，同学们跃跃欲试，想要自己动手来劳动，那就不如来真正综合实践一番，去发现和创造生活美。例如，缝扣子、创作衍纸画。生活的美不尽，期待同学们用独特的方式创造自己生活的美。

**5. 活动感悟**

孩子的感悟：这次宅家劳动使我在学习之余体验到了劳动的快乐与不易，也让我更能理解父母的辛劳付出。在宅家劳动中，我锻炼了自己的动手实践能力，体会到劳动的成就感，感受到劳动所赋予的责任感，亦让我发现了生活中的许多美好：自己整理过的书桌，亲手做的美食，动手创作的衍纸画，等等。

家长的感悟：孩子能在劳动活动中锻炼自己的双手是我们家长最欣喜不已的了。活动让孩子理解了劳动的意义，体会"劳动创造一切"，让孩子爱上劳动。作为家长，我对孩子能有此进步倍感欣慰。（肖舒仁家庭）

学生感想：疫情的到来使这个春节显得有些枯燥无味，我虽然在乡下，但是也一样不能随便出门。所以平时做饭以"能吃就行"为标准的我居然开始认真地做饭了。

因为不是特别挑食，所以连白饭拌酱油都能吃下去的人开始认真研究料理过程，是不是有点搞笑。

我第一个做的是双皮奶。我看了一下教程，看来做双皮奶的过程和做水鸡蛋的过程差不多。本来双皮奶用水牛奶做比较好吃，但是没有水牛奶，所以只能勉强用普通的牛奶了。第一步打蛋对于我来说是特别熟悉的。在第二步热牛奶的时候，牛奶应该要放在蒸锅里蒸来加热。因为懒，所以我用不锈钢碗装着牛奶直接放在电磁炉上加热。这样太过直接的后果就是牛奶有一股烟味，而且碗底也全都粘上了煳掉的蛋白质，一股煳掉的烟味，叫我根本就不想吃下去，只好把牛奶全部喝完再重新弄了。最后一步，在把牛奶表面的皮留下来的时候，我总是会不小心把皮给弄掉，为此我表示"懒人不需要太讲究"。对于最后做出来的口味，因为我比较喜欢吃甜的，一不小心把糖加多了，所以最后做出来的双皮奶的口味就像是奶糖一样。

家长感想：因为特殊情况的影响，我们待在家里很多天。孩子很懂事听话，闲着也会做饭和捣鼓些点心给我们吃，不过技术有待提高。这次居家劳动活动的确是给了她一个自我锻炼的机会，希望她以后也可以那么积极向上。（黄奕诗家庭）

# 文章五："致远阁"的"爱与智慧"宅家劳动展

夏湾中学2018级10班

### 1. 班级宅家劳动概况

今年的特殊情况，人们的出行被限制了，同学们都乖乖宅在家里。宅家学习期间，初二（10）班的同学虽不能随意外出，但也体验到了以往未曾有过的乐趣，有的在厨艺方面大展身手，有的家务活样样精通，有的钻研临摹绘画、手工剪纸、种菜插花，大家都在劳动实践中遇见了更好的自己。让我们随图片和文字一起回味一番吧！

### 2. 居家教室·高效学习

居家学习期间，房间就是教室，书桌就是课桌，一起来整理吧！

### 3. 菜羹佳肴·美味人生

锅碗瓢盆、油盐酱醋，尽是人生百味；一日三餐、一粥一饭，当思来之不易。居家期间，初二（10）班的同学们也走进厨房，感受家长的辛劳，体验下厨的快乐。

### 4. 综合实践·创造美

生活处处是美，等待初二（10）班的同学去发现。种菜、剪纸、临摹、创作，心怀爱与智慧，身居方寸之地，也能面朝大海，春暖花开。

### 5. 劳动感悟

卢依曼同学：这段时间我尝试了我一直以来都非常想去做的事情——制作窗花。窗花是中国传统民间艺术之一，它历史悠久，风格独特。制作窗花的过程没有我想象得那么顺利，经历了多次失败，好在最后制作成功了。这一实践使我学会了：要做好某件事情，一定要有耐心、有毅力，即使过程不是一帆风顺的，但也要坚持不懈地继续努力。这次活动也让我喜欢上了制作窗花。

卢依曼家长：孩子平时很文静，话也不多。但是没想到她还有剪纸方面的才艺，这让我看到了她心思细腻的一面，也让我感触颇深，希望孩子在今后的学习和生活道路上都能保持着这份耐心并坚持向前走得更远。

麦馨同学：我在整理照片的时候才后知后觉这段时间过得如此充实，收拾了我的书桌，和妈妈一起做了很多美食，和爸爸一起感受了田园气息，亲近自然。

美食我超喜欢的！可现在我爱的不仅仅是它停留在我味蕾的那个时刻，更是它一点一点地变成佳肴的过程，十分享受，十分有成就感！

种植远没有想象中简单，松土、播种、浇水，样样讲究。看着芽一点一点地长高，有一种奇妙的感觉，像是能感觉到生命的美好、喜悦，感觉到它因自己存在而欣喜。我累并快乐着！

麦馨家长：这次活动我们和孩子的感情增进了，更了解彼此了，我们在实践中互相学习，真的是个亲子相处很不错的方法。这次陪伴她做了很多事情，我们都很开心。她主动去学习这么多，并且带动我们去劳动，去学习和尝试，我们真的很惊喜，我们为她感到自豪！

# 文章六："爱与智慧"宅家劳动展

夏湾中学2019级3班

特殊时期，宅家学习期间，同学们除了完成学习任务外，也找到了劳动的乐趣，大家各显身手。

看看我做的菜吧。

菜品名称：艾叶青团。

材料：艾叶、小苏打、糯米粉、黏米粉、糖、蛋黄两个、肉松、黑芝麻。

步骤：

（1）先将艾叶择洗干净、加入小苏打煮5分钟，然后捞出用清水反复清洗几次，用料理棒打成艾叶泥。

（2）将糯米粉、黏米粉、艾叶泥、糖混合，如果比较干加少许水揉成光滑不沾手的面团待用。

（3）将蛋黄、肉松、黑芝麻舂碎制成馅料备用。

（4）将准备好的面团分成小团，把准备好的馅料包进去后揉成圆，水开后放入锅中蒸20分钟，哇！完成喽！

# 第五节　劳动教育系列之"职业体验与生涯规划"

## 文章一：让梦想在躬行中落地、扎根、发芽、开花、结果

夏湾中学2019级6班　冯小荷

我的父母农村出身，到城市打拼，自己开了家小店。从白手起家到小有积蓄，一路走来，实属不易。

每天，他们踏着晨露而去，披星戴月而归。

父母常常在天还未破晓的时候起床。凌晨四点，是他们的起床时间，起床之后，便是繁忙的开店前准备。之后，清晨五点到八点，他们最忙得不可开交。

在这段"黄金"忙碌时间里，父母迎来批发进货的人们，同时他们还要赶在开店前购置好一切物品；父母还会招待早早起床的、寻常家庭的老婆婆老爷爷——老人们习惯在早餐前买好一天的食材。毕竟，到了下午，就只能挑别人剩下的。

所以，这段时间，位于市场里的父母经营的小店，常常人满为患、拥挤堵塞，店里总是涌动着黑压压的人头。

直到下午一点，父母才能开始着手于自己的"早餐"。

我总是很担心他们的健康。但他们总是说："习惯成自然，习惯于在忙碌中

度过一个上午，自然只能将自己的健康先放放。"

晚上八点左右，天上的星星都探出头来，眨巴着眼睛，看着我的父母亲。这时候，妈妈会提早一点回来，并且马上完成从一个泼辣老板娘到一个和善母亲的角色转变。

这时候的母亲，在家里继续劳动，不停歇，也不退缩。

一年三百六十五天，父母通常只有在正月初一的时候才给自己放一天假。每逢节假日，客流量会增多，他们觉得，更应该抓住机会，所以，更忙碌。

而从小和父母一起长大的我，常常会在周末帮他们的忙，学会了一些技能，也看清了一些社会现象。

父母亲挣的是血汗钱，拼的是命。在十年前的市场，类似父母开的这种小店，可谓是生意兴隆，家家火爆。妈妈和我说，那时候一天售卖的金额可高达1200元。就因为看得见的利润，大家都想分一杯羹，超市、小店如雨后春笋般，冒尖、生长。

众所周知，自然规律就是：物以稀为贵。

竞争对手泛滥成灾，客流量自然暴跌，利益必然受损。

同时，时代更替，成长起来的90后，不愿意到又乱又脏的市场花时间买菜，回家再花几个小时，煮上一顿味道不怎么样的饭。他们更喜欢点个外卖，坐在家里坐享其成，觉得这样更方便。

所以，父母的小店，不再风光，不再客来客往。

同样的物品，低价自然会更受欢迎，能赚的利润就更是少得可怜。另外，父母需要比原来更有推销能力，才能成功引导顾客购买。进货，就更考验父母，需要从价格和质量进行更多方面的考虑。定价，父母需迎合市面价格，随市场行情涨价或降价。

陪伴父母身边多年，我看清市场竞争的实质，就是人脉、价格、质量。

这样的成长经历，让我能用正确的眼光对待事物，能换位思考，能从多方面综合考虑事情。跟随父母多年，我的言谈举止不会太绝对，有底线思维，懂得为后果考虑，待人也谦虚和善。别人对我的评价是"领导能力很强，很有号召力，自带一种管理的风范，但常常粗心大意。"

有这样的成长背景，自然，对职业与未来的规划，我比同龄人有更多的思考。

小时候有很多憧憬，心怀纯真的我们总会异想天开。曾经，我想做万人崇拜的歌手，用歌声唤起世界的共鸣；想做悬壶济世的医生，为人类健康献力；想做为国争光的宇航员，探索神秘而庞大的宇宙。热烈而又稚嫩的梦想啊！长大后才发现，这些梦想，就像闪耀的星星，离我们很远很远。它们不是睡梦中的美好幻想，是现实中的遥远未来。

不努力，又怎会把梦想变成现实呢？

现阶段，我的职业价值观就是安定、欢喜，有充足的经济空间，不违反人性道德。我既然选择了，就不会回头，坚毅地往前走，会用心对待工作中的每分每秒。

如今，我比较向往的职业是金融类，但还没有接触和了解，还需要用时间和心思去渗透。为了以后而奋斗，就更应该珍惜当下，抓住时间。现在能做的，是努力学习，合理安排时间，养成好习惯，掌握科学的学习方法，让自己有资格去成就将来的事业。

现在，我也会帮妈妈做家务，体验家庭主妇的感受。最令我感兴趣的是做菜。做菜需要技巧，需要耐力，也不失为一个锻炼的机会。慢火熬制，下油煎炸，渐渐熟练，在以后也可以从容应对。

机会不会自己跑来，需要用双手去创造！

生活如海，努力作舟，泛舟于海，方知海之宽阔。

我必不忘初心，牢记自己的职业规划，让梦想在躬行中落地、发芽、扎根、开花、结果。

## 文章二：销售员的一天

夏湾中学2019级6班　赖宇晴

寒假时，我本来已经策划好，年后要到母亲的公司体验一天的工作流程。但现今疫情暴发，我们经过商量，为了避免风险，还是决定取消本次活动。

但是我并没有放弃这次了解母亲工作的机会，向母亲咨询了她平日的工作流程。

母亲是免税商场的一位销售员，主要销售一些床品、洗漱用品、家居用品，平时分早、中、晚班。早班，她需要在七点左右起床，准备早、午餐。因为如果天天吃快餐的话，一是不营养、不健康，二是浪费钱。除非迫不得已，不然她都是自己带饭。我也有时会早起帮妈妈煮个早餐或者淘米煮饭，好让她不那么赶。妈妈因为赶时间上班的原因，吃饭的速度变得很快，总是狼吞虎咽地吃完早餐，装好饭，拎起袋子就往外走。看着她忙碌的身影，听着她加快语调的叮嘱，我不由得有些心酸。

妈妈需要在八点十分之前出门，赶一趟四路公交车，经过三十分钟左右的路程到达站点海滨南，再步行差不多十分钟，赶在九点十分之前打卡。这时，免税商场并没有开门，员工需要换好工装，整理好妆发，以最好的姿态面对客人。

妈妈所在的门店名字叫廊湾家居，店内有五百多平方米。廊湾家居店要求营业之前店员先搞好卫生，如果期间有顾客，就正常接待顾客。打扫卫生之前，妈妈会先为顾客泡好花茶。

做完卫生以后，她们需要以手抄的方式把前一日的销售单记录下来。

如果接到了顾客还开了单的话，需要系统登记另外再填写一份客流表，开的每一张单子都需要记录下来。

等到十一点多快十二点的时候，她们开始吃午饭。不过妈妈店里的店员与其他店不同的是，她们不去饭堂吃饭，而是轮流在仓库里吃饭。她们没有多少休息的时间，毕竟是工作，所以一天下来，几乎没有一刻可以坐下来的。

平时都是接待客人、补货、换陈列。妈妈说她一天能走上万步！

如果是上中班，那就是中午十二点上到晚上七点，晚班从下午三点上到晚上十点。晚班需要从晚上九点开始拖地、打扫卫生，再把整天的销售额计算好发到微信群里。

我在小学的时候跟妈妈到她工作的地方待过一天，虽然不是同一个工作单位，但是给我的感觉是差不多的。现在工作的地方我也去过，虽感觉差不多（只是店内大了许多），但是还是有些变化的：比如以前都是几个员工分两批去食堂吃饭，大家坐在一起还能聊聊天什么的，现在却只能一个人在仓库里吃饭，为了让其他员工也能快点吃上饭，还得赶着吃。赶着赶着，妈妈吃饭的速度就变快了许多，也改不过来了。

不管是什么工作，总是有一定压力的。销售员也不例外，人力少，店面大，必须要达到一定的销售额才有提成，不然只能拿底薪。

一个月有四天可以休息，还有五天年假，但是公众假期得不到休息，只能够补工资，是平时工资的两倍左右。一年下来最少也要有一次中庭活动，活动时间为十天左右，每一个员工都要值班（从早上九点上到晚上十点）。做活动的话，人流量就大一点，价格也便宜许多。每一年每家分店都有年度目标，目标有三个标准，达标就享有一次旅游机会，算是公司的福利吧。

做销售也很讲究。先主动向顾客打招呼，邀请顾客到店面来，询问顾客的需求，按照顾客的需求来介绍。如果要介绍商品，就一定要了解每一件商品的特点、来源、功能等，一样一样地推荐，而且要做到连带销售。如果顾客决定要买单了，就带顾客到收银台买单，开好小票，把商品整理打包好给顾客。要是商品太重了，可以免费送到顾客楼下，新的床品可免费清洗一次，洗好、烫好再送出去。

为了让员工熟记每个牌子的特性，各个商品品牌都要对员工进行培训、考核。

这次我虽然没有到妈妈公司体验流程，却在家里和妈妈一起参加了线上培训和线上考核。就算是疫情时期，公司还是想尽办法让员工们能好好学习相关产品的知识，因此在钉钉网安排了直播课堂。

这一天，我们母女俩早早就起了床，吃好早餐，在开课的前一小时，还把会考到的类型题抄了下来。

第一节课，是她们公司"喜来登"的新品讲解，一下子映入眼帘的是优美的风景，一些生活的小调子，海边，沙滩泛着金光，一片银光闪闪浪花打上岸来，海水多么透亮！转眼间又看到了一片茂密的森林，一层一层绿色叠在眼前。这次的主题一下子就浮现出来了：远和近、威尔逊岬国家公园时间和空间的旅行。老师介绍了这次培训主题的灵感来自大自然……介绍完主题后，就正式介绍新品了。首先是一个叫"达马拉"的床品，分金色和白色。床面并没有过多的装饰，只是在边缘绣上了绣花条。我个人觉得金色的更显贵气，白色的更加简洁、简单。我喜欢画画和手工艺术，所以在看的时候也会结合自己的想法。比如里面的一款天丝印花的床品"格里菲斯"，它是以淡雅的晕染水彩形式，表现了扶桑花的美，四组花型互相缠绕、白蓝色的渐变，无不让我赞叹。还有一款名叫"瑞塔"的床品，也是用的水彩表现，但是那是写实水彩，上面满是珠宝纹样，一看到它的样式，我就联想到了在古老的教堂里，坐着一位公爵夫人，感觉复古华丽；而边上的豆沙绿，宁静又深远，压住了宝石的艳丽。第一节课给我的印象还算不错，很有艺术气息。

但是越到后面，讲的东西越多，特别是那些长长的编号，讲的速度那叫一个快。第三节课，讲小品类，一堆香薰、毛巾、家居服的种类在我眼前掠过：什么自然系列白薄荷、木兰花、茉莉依兰、地中海的柠檬……我脑袋一下就乱套了，根本记不住那么多，只是用手机疯狂地截图，最后却发现并没有什么用。

这一天下来，我们上了五个小时的课，我有点懵，但还是零零散散地记了一些笔记。原来妈妈平时培训是这样的！妈妈的文化水平并不高，我也只是知道她要培训，并不知道背后她遇到了多少难题，有多少坎坷……她一步一步走过来面对了多少压力？一天站下来会不会累？不舒服的时候又是怎么挺过来的？这些我都不曾在意，以为这是多么理所当然的事情，不曾考虑她所经历的那些点滴。

培训结束，开始考核了，我紧张地和妈妈看着考题，心不由得怦怦地跳着，绷得紧紧的。有些题目我真的不会，但是好歹上了课，讲的是什么，我还是知道的。妈妈冷静地答着题，却被一道题难住了。我看到题目是"喜来登"这次的主题有哪些？妈妈嘟囔着："这个我没记到啊……"我有些雀跃大声地讲出了答案："ABCD都是！妈妈，ABCD都是！这一题是白色和金色！"妈妈露出了自信的表情填下了答案。对了！她欣慰地看着我，我也有些兴奋。考核结束了，我们通过了！不知道为何一种成就感涌上心头。妈妈最后做了点评，她好好地夸赞了我一番，说我只是听了一天课，已经很了不起了。妈妈的夸奖总是带给我许多能量。我想感谢我的妈妈，是您赋予我珍贵的生命，给了我良好的生活环境，教我做人。通过这一次体验，我学习到了一些艺术表现手法，我了解到了妈妈工作的艰辛、不容易。

我也思考了一下，我觉得我以后也许不会想做类似销售员的工作。如果按照我的兴趣去选，我会去做关于设计方面的工作，或是做一名作家或是一位老师。

但是，不管以后从事怎样的职业，都需要现在认真学习，如果不好好学习，连学位都没有，又怎能顺从自己的心意去选择职业呢？同时，通过体验妈妈的工作，我也认识到要多一点动手，多一点向生活学习，不亲自尝试一下，不知道哪些工作适合，那些不适合，所谓"纸上得来终觉浅，绝知此事要躬行"。

## 文章三：厨师初体验

夏湾中学2019级6班　卢鎏逺

我原计划过年后去爸爸妈妈上班的地方体验他们的职业，但是因为特殊时期，不能外出，所以我们一家通过家庭会议，决定在家里完成这个"职业体验"作业。

我想体验一下厨师的职业，从每顿饭都跟着妈妈学开始。

首先是煮饭。

想煮饭，就必须要有淘好的、干净的米。我先把三杯半米倒入锅中，然后加入适量的水。把手放进锅里面一直抓，对米进行清洗，若干次之后就可以把水倒掉，再洗一遍，一般只用洗两遍就好了，如果觉得米有点脏，可以多洗几遍。在这里有个小提醒，就是倒水的时候不能把水倒干净，因为如果你倒了很多水，里面的米就会跟着流出来，所以留一点水在锅里是没有关系的。淘完米，就要加水。我先把手放在米上，小心地抚摸，把米抹平，然后加水。加水有个技巧，先把手放在米上面，然后慢慢地加水，一直加到没过你的手腕就可以了，可以略少，但是不能多。最后是很重要的一步，在把锅放进电饭煲前，要用纸巾把锅外面擦干，不能有水，不然就会有危险。

其次就是炒菜了。

第一道菜是蒜蓉菜心。第一步，择好菜，把烂的菜叶取掉，再把菜心和菜叶分别切成大概十厘米长，然后清洗干净，装在一个筛里面，放在一边待用；接着拿出蒜头掰成瓣，取五、六瓣冲洗后，去掉皮，剁成蒜蓉待用。第二步，热锅下油，油热后把剁好的蒜蓉下锅，它很快就会变成金黄色，紧接着把洗好的菜下锅，下锅后快速翻炒，炒到菜心变软，马上加适量的盐，再继续翻炒几下之后并加少许水，盖上锅盖，焖一分钟左右，就可以出锅了，一盘绿油油的蒜蓉菜心就可以上桌了。出锅前根据个人口味可以加入少许的酱油，当然酱油也可以在盖锅盖之前加入。

第二道菜是清蒸石斑鱼。先是食材准备，取一条新鲜的石斑鱼，大约1斤重，把鱼去鳞，取出鱼鳃，在腹部切一条缝将里面所有的内脏取出，清洗干净；备好葱丝和姜丝、葱段、姜片、芫荽段；把石斑鱼放在盘上，再把切好的葱段、姜段平均铺在鱼上，加一点鸡精、少许盐、少许油，放进烧开水的锅里面大火蒸十分钟之后开锅，把鱼端出来，用筷子夹掉上面的姜段、葱段，再铺上备好的姜丝、葱丝。锅洗干净，开火把锅烘干，下油，把油烧至冒烟，再用铁勺把热好的油均匀地淋在姜丝、葱丝上面，然后把少许的酱油淋在盘子的边上，加上备好的芫荽，一盘清蒸石斑鱼就可以完美出炉了。

第三道菜是砂锅五花肉。第一步，准备好洗干净、切成条的五花肉、葱段、拍碎的姜、蒜头、八角、桂皮、香叶还有冰糖。第二步，把备好的食材全部放进砂锅里，加水（水盖过肉），先用大火烧开，之后改成中小火，焖上十五分钟。第三步，开盖，加上适量酱油、沙茶酱、耗油、鸡粉还有盐（要是里面汤不够多就再加点水），盖好锅盖，改小火，焖二十分钟。第四步，把煮好的五花肉切片，装盘，淋上汤汁，就可以吃了。

第四道是番茄鸡蛋汤。首先把番茄洗干净，切成块，再把鸡蛋打好。然后切一点点的姜丝、葱段还有芫荽备用。接下来就是洗锅烧水，水开了之后把番茄、葱段、姜丝放进锅里，加上少许油，煮上两三分钟，加上盐、鸡精还有鸡蛋，用铁铲搅和均匀至烧开，把汤盛入汤碗，上面撒上芫荽就搞定了。

现在很多爷爷奶奶、爸爸妈妈都很宠孩子，导致孩子们都不会自己煮饭，如果有一天他们的爷爷奶奶、爸爸妈妈都不在他（她）身边，他们将会没饭吃，饿肚子。通过这个假期每天跟妈妈学做饭，我每天都有一点进步，到最后不仅能够做好饭，还能做几道可口的菜，自己很有成就感。爸爸妈妈赞许的目光让我体验到劳动的光荣。虽然以后我不一定以厨师为职业，但我从中懂得了自立才能自强，懂得了给别人带来幸福是一件非常幸福的事情。

# 文章四：文具店"打工记"

夏湾中学2019级3班　牟玉婷

　　随着社会不断发展，人们的压力也变得越来越大，他们都在努力着，奋斗着，朝着自己向往的生活和美好的愿望前进着，当然我的父母也不例外。看着他们每天辛辛苦苦地工作，我不禁对未来产生了迷茫……趁着这个寒假，我就去体验了一下妈妈平时都是怎样工作的，想帮她减轻点负担，也为自己以后的人生做一个规划。

　　我的主要工作就是帮妈妈销售文具，协助她去拿货和打价钱，时间为一个星期，地点为振豪轩文具店（妈妈开的店）。

　　第1、2天时，我感到很累。因为我之前并不怎么接触这些，很多文具的价格我都不知道，当客人来询问我时，我总是要看着上面的标价来回答，当他们来询问我哪个年级需要用什么本子时，我完全蒙了，只能寻求妈妈的帮助。只见妈妈熟练地拿出需要的本子递给客人。当妈妈送走客人时，我便去问她怎么知道那么多。她说道："傻孩子，一开始我也是不懂的，要向前辈去多多请教，多学习，再慢慢去摸索就会了解的，熟能生巧嘛。"听了这话，我对未来不再是模模糊糊的了，我隐隐约约找到了一点方向。

　　第3、4天时，我记住了许多文具的价格，反应速度也比之前快一点了，不再那么迷迷糊糊了，知道了许多之前完全不懂的——这让我感觉自己一点点地在长大，也让我有了一种想把它做好的冲动。

　　在第5天，我便和妈妈一起去香洲区那边的文具批发市场去拿货了。我迫不及待，想快点去看看那所谓拿货的地方是什么样子，看看究竟是怎么拿货的。我们到批发市场后，我瞬间有点呆了：那是一个超级大的文具批发市场，有着各式各样的文具，看得我眼花缭乱。我随着妈妈的脚步，看到妈妈在挑笔，选好了便叫这边的工作人员说要10盒。我不清楚妈妈是怎么挑的，有些明明特别好看的笔，妈妈却没有拿，我不明所以，拿了那种笔问妈妈："为什么不拿这个啊？这个好看。""傻孩子，我们不是随便拿货的，不是看好不好看的，我们店开在小学附近，所以我们要考虑到小学生的需求，他们所能接受的价格范围是多少，他们的喜好是什么样的，等等，这些都要考虑到，所以我们需选择适合的，价格便宜又有质量保证的文具，还要补上最近比较热卖的文具，比如笔的价格最好要控制在2~5元，等等。"听了这些，我恍然大悟，原来拿货也不是那么简单啊，不是想拿什么就拿什么的，要符合客人的消费能力，等等，所以无论是做什么行业，都是不简单的，要考虑到种种因素。终于拿完了货，我都已经开始有点晕了，我们不知在批发市场里绕了多久。这件事让我知道，拿货不仅是需要智力，还需要体力。

第6、7天，我逐渐得心应手，反应也越来越快了，偶尔比较忙时，我也能帮妈妈照看一下。在货送来后，妈妈看着单据上的编号与价钱说出应该卖多少钱，我帮忙打上价签。这些过程甚是无聊，可我还是坚持下来了。因为妈妈工作不易，我能帮一点是一点啊。

就这样，一个星期就这样忙忙碌碌地过去了，我收获了很多，了解了很多，知道了这份工作是不容易的，也发现了自己的许多不足。它让我懂得了在做某一工作时，从陌生到熟悉是一个艰难的过程，我们要坚持下去，不懂要善于请教，要善于观察。这和学习是一样的，只能更加认真、更加努力，才能获得经验，提高学习成绩，才能让自己满意。每一行、每一业都有不同的规则。面对现在竞争激烈的社会，我对自己的人生规划有了新的认识。

我现在还只是一个初中生，还不具备许多能力与经验，但我可以先明确自己未来的目标，然后我会更加努力地去学习，把自己的懒惰改正，多一分耐心，不随意放弃，不再不做任何实际行动就畅想未来，要多观察社会，多接触社会，在不断认识社会的过程中，调整好自己前进的方向，并为之奋斗。

# 文章五：生活不易　负重前行

夏湾中学2019级2班　　孙涟悠

　　妈妈总说现在的很多小孩都处于"四体不勤，五谷不分"的状态，我很不幸地被她归到那一类人中。为了改变妈妈对我的看法，我决定去体验妈妈的工作，并暗下决心让她刮目相看……

　　妈妈和小姨是做饮料批发的。在我看来，这就是坐在店里等顾客上门，轻松自在的事情，所以我对今天的体验内心是毫无负担的。

　　一大早我就跟着妈妈出了门。到了仓库，妈妈对我说："既然要体验，那今天的事情你就尽力代劳吧。"随手就递给我一把扫帚、一块抹布……"这点小事哪能难倒我？您就看好吧！"于是我上蹿下跳，又是扫地又是抹桌子还清理茶水台，不知不觉忙活了一个多小时，就感觉有点累了。没想到打扫卫生这么累人，我不由得看了一眼妈妈，心里嘀咕家长的一天兴许没我想象的轻松。正当我打算在沙发上瘫倒时，妈妈的声音传来，"过来吧，今天的工作正式开始。"

　　我被安排坐在电脑旁，做起了文员的工作，把一张张订货单输入电脑。因为对电脑不熟悉，我的打字速度只能跟乌龟爬相比，又怕输错，死死地盯着电脑屏幕，没一会儿眼睛就看花了，酸痛无比。我不得不停下来，一个劲地往眼里滴眼药水。见我这样，妈妈叫我到旁边休息一会儿，让我想想看似简单的工作是否真有那么简单……看着妈妈飞快地打字，熟练地操作，我忍不住怀疑：我真的了解妈妈吗？

　　见我受挫，小姨问我要不要试试接打客户电话。"这个应该行，接打电话多简单啊！"我跃跃欲试。小姨给我详细地说了接打电话需要记录些什么，并且告诉我如果没有电话打进来，就自己回访老客户，问问他们是否需要补货，有什么意见反馈……我一一记在心头。

　　再次上岗，我深呼吸了一下，压了压内心的激动和不安，拨打了第一个电话。嘟——嘟——没人接……没事再打下一个，我给自己鼓气……接通了……"你好，这里是××公司，请问你们那里需要补货吗……""不需要！！！"……电话挂断，我愣住了，我问自己："还要继续打吗？不行，不能放弃，不能！"于是我憋着劲打了一个又一个电话。没遇到需要补货的，倒是遇到几个不分青红皂白对着电话发火的。打了这么一会儿电话，我感觉自己心上被压了一块大石头，妈妈常说生活不容易，作为小孩我们又体会了多少？内心的挫败感、被骂的委屈、感慨家长的不容易……各种情绪交织在一起，我的眼泪止不住地往下掉。

妈妈和小姨什么也没说，她们知道有些东西需要我自己去体会。接下来我被妈妈叫去帮小姨搬饮料，因为很少做事，抱一箱饮料对我而言都不轻松。我一箱箱地搬，很快手臂就酸痛起来，额头也开始冒汗，很不想搬了。但想到妈妈说过店里人手不够，业务员忙不过来时都是妈妈和小姨自己搬货送货，我咬着牙坚持着……直到晚上七点，陪小姨送完今天的最后一家货，总算结束了一天的体验生活，我彻底累瘫了，浑身跟散架了似的。

这次体验让我知道了生活的不易，品味了生活的艰辛，理解了无论做什么事都有它的难处。我想在以后的学习生活中我会更坚韧，更能负重前行，会为了自己的理想加倍努力！

## 文章六：体验"码农"　编织梦想

夏湾中学2019级1班　王祥云

说起职业，我便想起我的母亲，她是一位在澳门打工的服务员。大多数早上，我都见不到她，只有偶尔起得比较早，在凌晨5点左右的时候，才能看见急急忙忙收拾、准备去上班的母亲。每天中午，她不能回来，只有在夜深人静时，我才能够重新看到瘦弱的母亲。

每每看到母亲这样，我都会感到心中一酸。但每次我问母亲为什么这么劳累时，她都只回答："你要好好学习，才不用像我一样，每天起早贪黑，还赚不了几个钱。"

刚开始我觉得无所谓，觉得怎么学习不都是学嘛。但现在升上初中，我觉得不是那样了。现在，我们有了升学压力，这也就意味着我们需要更加努力学习。学习是人生的一部分，学习需要一个目标。自从听了戴校长关于职业和人生的课，我开始考虑自己的职业，规划自己的人生。我认为职业是人生存在这个社会所依靠的根本，同时，职业也可以是一种梦想。

我的梦想是成为一位程序员。我先了解了程序员的职业要求、习惯以及如何工作。我了解到程序员是一个需要较高教育水平，比较辛苦，但同时也比较休闲的职业。然后，我开始实践，一开始，我没有选择用高级语言码代码，而是选择了较适合初学者使用的Scratch。然后，我开始了长达4天的摸索。

第一天，我不满足于简单的"大鱼吃小鱼"，决定开始复制一些现实里的单机游戏。这显然很麻烦，但这并不影响我对编程的热爱，所以我开始了游戏"打地鼠"的复制。"设置变量""设置广播""随机抽取"……在半个小时的构思和3个小时的制作之后，我终于复制出了"打地鼠"，心情十分愉快和畅爽：愉快是由于做完了一份工作的成就感，畅爽是因为压抑的劳累被释放出来。以前感觉母亲的工作很劳累，现在自己才做了那么一会儿"程序员"，就这么累，才更体会到母亲的一天是多么劳累。

第二天，我开始修改之前两个程序的一些错误，并反思为什么会犯这些错误。经过2个小时的"地毯式勘测"，我发现了以下错误：①画蛇添足。"大鱼吃小鱼"我原本已经全部完成，却想加入"逐渐变强"系统，导致所有代码无效、全盘皆输。②成分残缺。在"打地鼠"程序中，我因忘记添加"地鼠停留时间"导致游戏难度不平衡，幸发现，已订正。③细节。在"打地鼠"程序中，我自以为将"地鼠"传送至"地鼠坑"中就可以了，但没想到的是Scratch中所显示的坐标是所选中单位的右下方，导致"地鼠"不能精确地"传送"至"地鼠坑"。这些错误一旦在成人的工作里被"客户"也就是玩家发现，将是致命的。所以，我将这些错误的原代码以及改正之后的代码都记在了笔记本上。

第三天，我开始尝试制作一些游戏里的"抽奖"代码。就这样我制作了

"SP"概率为1/100，"SSR"概率为2/100，"SR"概率为27/100，"R"概率为70/100的一个抽奖系统。这个系统还有许多不足的地方，如画面的精美度较低、无法设置概率，只能用麻烦的设置多条代码的方法来完成，以及设置多次概率。

第四天，也是我编程之旅的最后一天。这一天，我开始复制《Flappy Bird》和制作一种类似于人与人机作战的游戏。在复制《Flappy Bird》的时候，我遇到了以下困难：①如何判定为"Lose"或"Win"。②如何让主人公往不同的方向行走。这些问题被一一解决。虽然有困难，但困难不就是通往成功的垫脚石吗？

晚上，我看着自己的劳动成果———一个又一个程序。看着它们在一个文件夹里，我感到十分欣慰。在这4天里，我有时候熬夜、晚睡，专心致志地编写着一个又一个程序。无论多么辛苦，我都十分开心。这也告诉我人在做自己喜欢的事情时，情绪也会变得快乐。所以我要好好学习，一定要成为自己喜欢的样子，这样才能规划自己的职业，规划自己的生活，规划自己的人生。

所以，我得出结论：每个人都有自己的人生，都有自己的人生规划。但是想要完成它，就必须付出时间、付出汗水、付出金钱……否则，会让你的人生规划成为空想。所以，我会为我的梦想付诸努力、实践！

## 文章七：职业体验让我坚定目标

### 夏湾中学2019级1班　钟容昊

"人无远虑必有近忧"，相信各位都听过这句话。它的大概意思是人如果没有长远的打算，那么近期的事情，就会多有忧虑。所以我打算从了解父母的职业开始，获得职业体验，以对自己的职业取向有所帮助。

于是，我和妈妈去上班，看她如何工作，并尝试了解她的这份工作。

我的妈妈是一家大公司的一名热水器销售员，主要工作是向客户推销热水器。

这天，我和妈妈到了她的公司。到了妈妈的工作岗位后，我看到了四周都摆着各种各样的热水器。原来妈妈上班的地方这么好，有光、有茶杯，还有好多吃的。

妈妈对我说："你先在这坐着看妈妈是如何工作的，等你明白了，再尝试吧。"

随后，我就坐在椅子上，偶尔吃几颗桌上的糖果。而妈妈则拿着扫把，把她的工作位打扫得干净整洁。因为暂时没有顾客，所以她也只能打扫卫生了，大概她平时也是这样吧！

等了好久，终于迎来了第一位顾客，妈妈高兴坏了，急忙向他推销热水器，为顾客介绍热水器的功能、效率和保修等内容。顾客问了又问，妈妈专心地答了又答，但是顾客最终没看上离开了。

妈妈有些沮丧，对我说："看见没，要想顾客买你的东西，你就要有好的口才，不然顾客跑了，钱也就飞了。"

这也算是今天收获的一点经验吧！毕竟也是等了大半天了。

妈妈说："今天就先到这吧，快下班，明天让你来尝试推销。"

第二天，我满怀期待地跟着妈妈再次去上班。和昨天一样，坐在老位置吃吃糖、喝喝茶，等着顾客。我多么希望有人来，好让我为妈妈推销热水器啊！

不久，妈妈的电话响了。只听见电话里的人对妈妈……大骂，说这台热水器什么功能坏了！我很愤怒，为什么不能好好说？真想一把夺过电话，告诉那个人要好好说话。

但妈妈却耐心平静地说："先生，不好意思，如果电器坏了，请拨打××电话咨询帮助。"然后电话里的那个人也没说什么，就挂了。

事后妈妈对我说："像刚才那种情况不能和人硬杠，要学会忍，遇到困难要冷静面对。"

我听了妈妈的话后，心也平静了下来。我觉得很有道理，这也算是启发吧！

过了半个小时，终于迎来了当天的第一位顾客。我觉得机会来了，赶紧跳了出来，学着妈妈的样子，向顾客进行推销。这个顾客是个女大学生，大概有23岁吧。她说："小朋友口才不错嘛，都学会帮你妈妈推销了，挺可爱的。"

于是我在没有妈妈帮助的情况下，成功销售了一台热水器，为妈妈赚了300多元呢！她表扬了我，说我伶牙俐齿，口才了得。

通过这两天的职业体验，我得到了许多启发：工作不易，生活不易，需要珍惜，需要体谅父母的难处。这些，一点一滴，我都铭记在了心里。

我的愿望是成为一名人民警察，保护人民群众的生命和财产安全，维护社会秩序。这次的职业体验，让我更坚定了做人民警察的决心。我要继续锻炼口才、胆量、见识，继续努力学习，梦想，一定会成真！

## 文章八：在"蛋糕师"的劳动实践中向着目标奋力拼搏

夏湾中学2019级3班　林洁如

人无远虑，必有近忧。这句话我是从老师那得知的，它的意思是说如果一个人没有长远的打算，那么近期的事情就会有很多忧虑。其实老师说完这句话之后，接着就是让我们在这个寒假进行职业体验，为的是让我们能够提前制订自己的人生规划。

职业体验有很多选择，可是阴差阳错，因为疫情我们不能出门，那么我们就来体验能够在家里完成的职业体验。我思前想后，决定在家体验蛋糕师这一职业。

我把所有的工具和材料都准备好之后，就开始做蛋糕了。

首先，我把鸡蛋清打在打蛋盆里，有模有样地打发了起来。以前我总以为做蛋糕很容易，但是从打发蛋液就可以看出这并不是容易的事情，因为我需要长时间端着又大又厚的碗，并且电动打蛋器也需要力气来控制，真的是很费体力啊。蛋液打到拉起能出现弯钩时，这项费力的工程总算完成。

接下来就要抓紧时间将牛奶和油倒入蛋液，还有适量的面粉。别以为这部分工作容易，如果错过蛋液状态的最好时机，再加入材料那么这个蛋糕八九不离十是失败的。因为蛋液刚打发好正是气泡最多的时候，一旦放久气泡消失，进入烤箱只会变成鸡蛋糕，而不是蛋糕。我把握好时机，将材料按照顺序边搅拌，边往里面加。搅拌的手法也有一定的要求，不能"搅"只能"拌"，按"s"形或"8"字形拌。

紧接着我趁热打铁将蛋糕液平均地分在纸杯中，生怕漏出那么一滴，我提前5分钟预热了烤箱，分好蛋糕液后正好预热完，我将装蛋糕液的纸杯小心翼翼地放进烤箱中，关上烤箱门，才松了口气儿。我时不时打开烤箱门，瞅一瞅，忐忑不安地在厨房徘徊。毕竟，这决定了我的"蛋糕店"是否能顺利开店。或许，真正的蛋糕师也会像我一样，有过这样忐忑的心理。虽然我对自己没什么信心，也做好了重新开始的打算，但是我还是在心中默默提醒自己，相信自己是可以的。

"叮"的一声，蛋糕烤好了，我有点担心，小心翼翼地打开烤箱门。"成功了！"我喜出望外地对家人说。接着，我开始准备装饰的水果与饼干。我精心地给蛋糕做装饰，这一个蛋糕是芒果夹心，这一个是奇异果夹心。接着我给它们分别命名。我给每一个蛋糕都起了一个高级、雅致的名字。于是每一个蛋糕就如它的名字一样，变得高级、雅致了。

就这样，我"折腾"了一天。终于，到了可以将我的产品"定价出售"的时候了。家族的亲人、朋友们特别给力，一下子将可爱的蛋糕们"抢购一空"！他们津津有味地吃着、感叹着，这让我突然很有成就感！

通过这次在家中做蛋糕师，我懂得了许多。有些事情看起来容易，做起来却很难。原来我心中所想的职业也并不是那么容易，所以我们要知道世界上有千千万万个职业，每个职业都要受到尊重与认可。所以我们要趁早树立目标并为之努力，这样我们才能找到一份适合自己的工作。

体验职业，不仅让我们能够看清市场上的竞争压力，而且还让我们积极进取、努力学习，更上一层楼！

以前当别人问我，我的人生规划或人生目标是什么的时候，我几乎是迷茫的，因为我从不愿意思考这件事。而现在，我已经非常清楚我要做什么。

首先我已经是一名初中生了，马上要面临中考，紧接着是决定人生的高考，那么我的目标是：

（1）中考一定要考上珠海一中。

（2）高考要考上重点大学。

（3）走上学法律的道路。

（4）当上一名出色的律师。

（5）成为一个生活精致的人。

没有什么是不可能的，人生规划不应止于规划，更要付诸行动，从今天起我也是一个拥有目标的人了！向着目标，奋力拼搏！

夏湾中学的劳动教育，使学生明白了"生活靠劳动创造，人生也靠劳动创造"的道理，培养了学生的劳动兴趣、磨炼了学生的意志品质、激发了学生的创造力、促进了学生身心健康和全面发展。

学生在劳动中明白了"一分耕耘，一分收获"的劳动真谛，充分感受到了劳动人民的辛苦，懂得了正是因为有劳动者的默默付出才有了我们幸福美好的生活，是劳动创造了美，劳动的青春最美丽。夏湾中学学子定能把这种不辞辛劳、坚持不懈的精神带入到学习、生活中去，书写青春年华最美的篇章。

# 家长段位制的
# 主题研学

"我不知道有多少人和我一样，年少时在父母膝下成长，长大后奋斗在离家很远的地方。然而，我们每年回家的时间却屈指可数，对父母的陪伴越来越少。我不想再这样，也希望学弟学妹们不要这样。所以，趁父母在，共远游吧！"一名夏湾中学优秀毕业生回到母校给学弟学妹演讲时，特别强调了这一番话。

这一番话，让夏湾中学教育者很是感慨。

古语有云："父母在，不远游。"那在夏湾中学，我们能不能通过研学主题活动，共同做到"亲子在，共远游？"

怀着这样的思考，夏湾中学的研学，在学校历史科组、体育科组的策划里，家长委员会的宣传发动中，缤纷灿烂地绽放着，芳香四溢。

在我们的研学计划里，有从地理经纬角度的考量，倡议亲子的"校园游""乡土游""故乡游""省内游""国内游"，当然，还有"国外游"。

也有从主题选材中，设计的系列"红色中国游""前山河环境保护游""炮台山公园植被游""港珠澳大桥志愿活动游"等。

在这些主题研学活动中，读过的书、走过的路，让人难以忘怀。

特别是很多夏湾中学学子走出国门，才真真切切感受到国家对于个人，不再是一个概念，而是具体的、实实在在的。

# 第一节　主题研学在夏湾中学

学校有意识将主题研学、小课题研究，与社团活动、学科节、学校开放日、亲子节、亲子课程、明德讲堂整合起来，形成了初步的体系。

| 学科组 | 主题 | 开展时间 | 参与人 | 成果形式 |
|--------|------|----------|--------|----------|
| 语文科组 | 传统文化探究 | 春节 | 初一新生及家长 | 研究小报告、学校公众号微信系列推送 |
| 历史科组 | 亲子主题游 | 暑假 | 三个年级学生与家长 | 研究小报告、学校公众号微信系列推送、小册子 |

| 学科组 | 主题 | 开展时间 | 参与人 | 成果形式 |
|---|---|---|---|---|
| 地理科组 | 地理风貌探究 | 暑假 | 地理社团成员及家长 | 研究小报告、学校公众号微信系列推送、展板 |
| 综合劳技科组 | "艾"主题 | 日常教学 | 初一全体学生 | "艾"系列产品：艾香包、艾条、艾灸等 |
| 生物科组 | 发酵技术 | 社团活动时间 | 社团成员及家长 | 面包、巧克力等的制作、美食路线考察 |

夏湾中学历史科组长陈惠璇老师主持了夏湾中学首届"家国情·悦读行"主题研学活动。在完成这次主题研学的小册子卷首语中，她写下了下面的话。

### "家国情·悦读行"夏湾中学暑期主题研学实践活动

常言道："读万卷书，行万里路。"旅行，能开阔视野，丰富知识，如果与研究性学习结合在一起，有目的、有计划地进行实地参观考察，开展研学活动，更是有利于学生家国情怀的涵养。

"家"，居也；"国"，邦也；"情怀"则是指情感、认同感、归属感。家国情怀体现了人们对国家富强、人民幸福的期望，以及对国家的高度认同感、归属感、责任感和使命感。

十九大报告指出，要全面贯彻党的教育方针，落实立德树人的根本任务，发展素质教育，推进教育公平，培养德智体美全面发展的社会主义建设者和接班人。教育部2017年8月印发的《中小学德育工作指南》指出德育的总体目标是"培养学生爱党爱国爱人民，增强国家意识和社会责任意识，教育学生理解、认同和拥护国家政治制度，了解中华优秀传统文化和革命文化、社会主义先进文化……"由此可见，加强学生的家国情怀教育不仅是时代发展的潮流，也是国家人才培养计划中的重要一环。

为了培育学生的爱国主义情感，激发学生争做具有家国情怀的道德榜样，让家国情怀内化于心、外化于行，夏湾中学倡议学生在2019年暑假开展"家国情·悦读行"主题研学实践系列活动，鼓励学生创作反映祖国锦绣河山、光荣革命历史、改革开放成就、优秀中华传统文化的研学作品和成果。

研学路线具体要求如下（可二选一）：

（1）选择一条适合自己家庭经济情况的研学路线，市内可选择珠海市南屏镇杨匏安陈列馆、珠海市淇澳苏兆征故居陈列馆、珠海市凤凰山烈士陵园等。省内可选择中山市孙中山故居纪念馆、东莞虎门鸦片战争博物馆、广州农民运动讲习所旧址等。省外可选择西安、江西、北京等研学路线。

（2）了解建国70年以来家乡的变化，收集自己家族中的优良家风故事、名人英雄事迹，开展研学实践活动和阅读相关图书等。

本次研学活动在初一、初二两个年级开展，收到了300多篇作品。这些作品当中，有的富有创意，有的特色明显，有的主题鲜明，并结合自己的所见、所闻、所感，抒写、描绘祖国的变化，展现祖国的发展给个人、家庭、学校、社会生活带来的显著变化，铭记革命志士的丰功伟绩，树立坚定的理想信念。家长点评部分更是体现了广大家长朋友对此次活动的肯定。有的家长说："陪孩子去研学，做家长的也是有收获的。梁启超的家庭教育是非常成功的。他的九个子女，其中有三个儿子是中国科学院院士，他们在文学、经济、科学等领域各领风骚，这在中国堪称绝无仅有的家族传奇。在纪念馆，我们参观了梁启超'重教好学'家训主题展，他的教子之道贯穿一个'爱'字，希望这些对自己日后的亲子教育有所启发。相信这次的研学方式，能给孩子不一样的学习体验！"有的家长则说："本次活动的亮点在于让孩子了解我国革命伟人孙中山先生、杨匏安先生的革命精神，故居风貌，以及家乡风情。通过这次活动，孩子丰富了历史知识和提升了学习兴趣，让孩子对我国的革命伟人有了了解，明白祖国的伟大。这次活动还有助于亲子互动，是一次很有意义的亲子同行活动。希望下一次的研学活动可以让孩子了解到更多。"

本次研学活动不仅使我们的教育教学活动与时代和现实紧密结合，与国家和民族命运紧密结合，而且使学生和家长更加重视中华优秀传统文化、革命传统教育、社会主义核心价值观，增进了学生和家长爱家、爱乡、爱国的家国情怀。

夏湾中学德育处、历史科组

2019年9月

正如陈老师所言，在主题研学教育的润物无声中，夏湾中学学子已经懂得了什么是家国情怀。接下来，我们一起看看孩子和家长在"家国情·悦读行"中能所看、所见、所想、所感、所悟吧！

# 第二节　历史主题研学系列之"家国情·悦读行"

## 文章一：珠海斗门接霞庄、菉猗堂研学成果记录

夏湾中学2018级9班　李颖欣

### 一、选择本次研学路线的原因

家乡的茶是香的，景是美的，人是热情的。我是一名珠海斗门人，斗门是我的家乡，我居住在斗门镇南门村。斗门镇南门村是珠海的一个美丽乡村，在上小学前我在斗门长大，对于斗门的任何一角都是如此熟悉，且斗门有许多历史古迹，如斗门旧街、侵华日军地道遗址、赵家庄、接霞庄、菉猗堂……其中接霞庄、菉猗堂就在外婆家旁边，骑车只需3~5分钟，去那里很方便。我从小在菉猗堂中玩耍，但那时的我还不知历史是什么，所以决定先从我身边的历史古迹开始探索。

### 二、本次研学路线的行程、困难及解决方法

**路线：** 家（夏湾）→斗门外婆家→接霞庄→菉猗堂→斗门外婆家→家（夏湾）。

**困难：** 不知道在传统节日菉猗堂会做一些什么事。

**解决方法：** 访问外婆与隔壁的赵爷爷，在菉猗堂中抄下笔记。

### 三、研学见闻

#### 1.斗门经纬度、温度带、地貌

珠海斗门的经纬度为（22° N，113° E），处于热带地区。地貌类型：有低山、丘陵、台地、广泛沉积平原和仍在发育的滩涂。故呈现平中有凹，凹中有平和平中有凹的明显层状地貌。全区地形特点是低山突屹，平原宽广，孤丘众多，水道交错，河涌密布，滩涂淤积浮露迅速，丘陵和珠江口冲积平原共同形成了斗门的地貌。

#### 2.斗门美食

斗门美食是珠海美食的首位，其中最出名的十大美食为：①斗门海鲈；②斗门河虾；③斗门南美白对虾；④艾饼；⑤上横黄沙蚬；⑥白藤莲藕；⑦虾米糍；⑧濑糍水；⑨鸭扎包；⑩大赤坎叉烧排骨。其中我最喜爱且小时候天天吃的就是艾饼、虾米糍、濑糍水。

艾饼是斗门一种具有几百年历史的特色食品，因主要辅料取自艾草而得名。艾草有特殊香味，叶背长有艾绒，具药用价值。更因为艾叶有理气通窍、驱邪避疫、预防感冒等功效，所以艾饼成了斗门城乡群众喜爱的季节性特色食品之一。

虾米糍顾名思义是用虾米为主要材料做成的。那甘津津、香味扑鼻的虾米，非常诱人。它油而不腻，稠而不黏，嫩滑爽口，所以成了很多斗门人的早餐首选。

濑糍水是斗门特色传统美食。传统的濑糍水，用料上乘，完全手工制作，先用新鲜优质晚造黏米以水浸透，晾干，煮熟晾凉，舂粉，晒干成米粉。用凉开水调至适度糊状，手工把米粉浆用钻孔椰壳制成米线，制作好后加入鸡汤或猪骨汤，再放上虾米、瘦肉、腊肠、梅干、葱花，就是地道的斗门濑糍水。

#### 3.斗门民俗风情

斗门人每年都会通过摆方阵的方式来体现斗门人的热情，如龙腾祥年方阵、赵氏家族祭礼方阵、华彩宫灯方阵、水乡伊人方阵、水乡风韵方阵、国粹神采方阵、前山凤鸡方阵、醒狮方阵……方阵组成巡游队伍，为广大市民和游客奉献一场民俗风情浓厚的文化大餐，使地方特色更强烈、乡土风情更浓郁。

斗门也是"中国曲艺之乡"。斗门人吸收包容国内优秀曲艺文化精髓，推陈出新，强化曲艺精品创作。斗门在全年举办多场曲艺巡演、交流、比赛等活动，吸引更多人了解曲艺、热爱曲艺，促进斗门曲艺文化传承发展，以琴瑟悠扬奏响曲艺之乡的"斗门好声音"。

**4. 接霞庄建筑特色及历史文化**

斗门接霞庄始建于嘉庆初年，至今已有近200年历史。清道光年间，南门赵氏十世祖意乡八传维茂在粤西地区从事中药材贸易发家，后携家眷从南门乡南边里迁居于此，因处霞山的北麓，故始称接霞庄。清光绪中期，接霞庄已是颇具规模、装饰华丽、非常繁荣的村庄了。庄内亭台楼阁、小桥流水、鸟语花香、绿树翠竹成荫，仿佛《红楼梦》中荣国府大观园的景观。庄内26户全是官宦人家，夫荣妻贵，是个人杰地灵之地，人们又称它为"赵家庄"。到清末民初逐渐衰落。

**5. 菉猗堂及建筑群简介**

南门菉猗堂及建筑群（含赵氏祖祠、逸峰赵公祠、崑山赵公祠）：坐东向西。山祠以"云路""天衢"两青云巷道连成一片，建筑面积1643.69平方米，占地面积3692平方米；每祠三进三间，中间夹两天井，左右庑廊，中轴对称轴布局；穿斗与抬梁混合构架，硬山顶，锅耳或人字形风火山墙，素色或绿釉琉璃瓦当、滴水；红谷石和花岗岩墙基；大量使用石雕、砖雕、木雕、陶雕、灰雕和壁画等做装饰；是宋太祖赵匡胤之弟魏王匡美后人为祀先祖而建；具有丰富的历史涵载量，集明、清、民国三个时期于一身，是典型的岭南建筑风格的古建筑群。

赵氏祖祠（菉猗堂）建于明景泰五年（1454年），清乾隆年间和1996年夏进行过修葺，是宋魏王十五传、南门七世祖赵隆（晴峰）为祀四世祖——曾祖父梅南名嗣焕字仲华自号意翁别号菉猗（1296-1365）而建，并以其别号作堂名，建筑面积426.69平方米，蚝壳墙体、龙舟脊，锅耳形风火山墙，素色瓦当、滴水，北厢房。

逸峰赵公祠（世寿堂）始建于明末，为蚝壳墙体，民国17年（1928年）用20万两白银重建，1997年夏进行过修葺，为祀九世祖逸峰名承瑄字朝瓒（1485-1563）而建。建筑面积507平方米，在建筑群之中。

崑山赵公祠（世德堂）建于清光绪十九年（1983年），1997年夏进行修葺。为祀九世祖崑山名承珍字朝辅（1487-1558）而建。建筑面积710平方米。南厢房，在建筑群之南。1940年夏，日寇侵华，中山县（含今珠海市）崑山赵公祠（世德堂）被炸毁。1947年重建。

## 四、我的研学感悟

本次旅行最深刻的地方是蓁猗堂中的一个历史故事——"崖门海战"，因为这场战役打得十分激烈，很刺激，且我感觉里面的主人公张弘范和李恒十分英勇、有智慧，但他们最终还是避免不了死亡；我还收获了很多历史知识，许多的历史故事，了解了明清时期的建筑特色……这些使我对历史更加有兴趣和想去探索，眼界更加开阔。自己可以独立完成任务，还能静下心来与家人分享，我觉得很开心！除此以外，我还看见了蚝壳墙，很惊叹，它的利用价值很高，可以很好地排水、遮阳。从这点我很佩服我们的祖先、长辈，觉得他们非常的有智慧，会把生活中的垃圾物品重新利用很环保，还有那细心的人们把一片片的蚝壳贴上去。细心和环保，这两点我都没能做到，所以他们十分了不起，我很希望自己可以向他们学习。这一次的研学计划总的来说很完美，希望还有更多的历史探索。

## 五、家长点评

本次活动使孩子开阔了眼界，了解了更多的历史文化。孩子会独立完成任务，会更加有责任心，有兴趣去了解历史并探索。我们希望以后可以经常开展这类活动，可以与孩子交流历史，了解历史的伟大与神奇。

# 文章二：珠海会同村研学成果记录

夏湾中学2018级5班　邱思恬

## 一、选择本次研学路线的原因

（1）珠海会同村有丰富的历史。

（2）作为一个珠海人，了解当地历史也是很重要的。

（3）会同村离家里较近。

## 二、本次研学路线的行程、困难及解决方法

**路线：** 珠海→珠海会同村→莫氏大宗祠→珠海。

**困难：** 不了解路线。

**解决方法：** 提前做好攻略，查看地图或找村民问路。

## 三、研学见闻

**地理知识：** 经纬度（22°N，113°E），处于北温带。

**新村面貌：** 沿着建于20世纪30年代的岐关公路，于浓荫庇护中来到当年会同村乡绅捐建的供行人休憩的缉卿亭，一条静谧幽然的乡村小路将人们引向凤凰山麓深处的会同村。蜿蜒的小路两边，农林、果园、水田相间呈现，水明山青，一片丰饶。空间渐次开阔，一群群雪白的鸭子在池塘里悠闲地游弋，一大片高大茂密的樟树下，有依稀的一段古村墙；踏过一座横卧的石桥，来到会同村口。抬眼望去，2座碉楼、3座祠堂整齐地排列在村前大街上。典型岭南风格的祠堂，清一色的硬山顶，青砖墙，门廊、月台、屋脊上都是精美的石雕装饰；而体量高大的碉楼却挟带着浓烈的西洋风格，无言展现着当年的雄心与视野，使得起伏雄健的村前建筑轮廓交织着中西两种语言，让每个前来探访它的人强烈地感受着这座著名岭南古村中西合璧的独特魅力。

**美食：** 说起会同村，最有名的美食还是荔枝。

**建筑特色：** 村内是清一色岭南民居，家家都是灰瓦、青砖、飞檐，建筑布局整齐，外形色调一致，嵌填在"棋盘式"方格网形成的整齐的宅基地中。

**史记记载：** 据《香山县志》记载：莫与京（号会同）"爱梨冈山水之胜景"于雍正十年（1732年）出资购得其地，然后让原来与他同村的鲍、谭两姓乡人一起都迁居于此，而有些人家不能负担版筑之费，他又罄其资助之。乡人感其高义，因以号名村曰会同。

**近代改造：** 清同治至光绪年间，由当时的海外富裕宗亲投资，会同村在统一规划下重建。主要建筑包括2座碉楼、3座祠堂和40多栋民居。中西合璧的会同村

选址隐幽，先抑后扬的空间引导暗合中国传统的诗意追求。坐东向西的方位，东高西低的走向，山环水绕的环境，符合中国传统村落风水堪舆理念。村落布局上吸收了西方现代村镇规划的先进理念，格局严整。最为罕见的是虽然历经了170年的跌宕起伏，会同村至今仍然保存了完整的古村独特风貌，蕴含着丰富而珍贵的建筑历史信息和人文历史信息

**当地故事：**莫氏的后人"华人第一男高音"莫华伦先生曾经打算在莫氏大宗祠开一场演唱会，可惜后来不知怎的不了了之，不知是否因为祠堂过于破落，而难以布置会场呢？然而，又正是这份残缺古旧的美丽让人生起了遐想，假如成功举行，那定是一场别开生面的演唱会，月光如水泻满庭院，纯净如天籁般的男高音穿破夜的黑暗，绕着余音飘浮在凤凰山箓，单是那份意境便让人向往不已。在会同村的西北角，有一座中西合璧仿上海太古洋行的园林式建筑——栖霞仙馆。那是莫仕扬的孙子莫咏虞在20世纪20年代为一个名叫阿霞的女子所建的斋堂。传说阿霞原为莫家侍女，曾经精心照料过莫咏虞，却拒绝为妾，发誓吃斋念佛，莫咏虞没有强迫阿霞，还为其建起斋堂，买来发电机，又月月从香港请人来放电影为阿霞解闷。那时，会同村是香山县最早用上电和看上电影的村落。可是，后来阿霞却爱上了那个从香港聘来专门在栖霞仙馆里负责发电的男子阿荣，两年后，两人私奔。

会同村有三个著名的大祠堂——莫氏大宗祠、会同祠和调梅祠。传说19世纪30年代，莫、鲍、欧阳3族人相约来到偏僻的凤凰山箓建村，会同因此得名，并一直沿用至今。三姓中莫家的莫仕扬事业有成，当上了香港太古洋行总买办，莫家三代在太古洋行任职长达60多年，会同村的兴盛可说是当年莫氏一支衣锦还乡的结果。

**知名历史：**创立于康熙年代的清代十三行，特许专营外贸，其早期发展不为一般人注意，一直到晚清时期，鸦片贸易和清朝大量白银外流，引起鸦片战争，很多人在对这场逆转中国命运的战争关注中，阅读种种历史细节才会大略知道深陷其中的十三行的存在。十三行其实人才辈出，十三行的几大行商家产总和真是出现过比当时清朝国库收入还多的时候。广州的伍秉鉴曾是英国著名东印度公司的最大债权人。珠海会同村，就是参与过十三行的风云人物的后人建起的村庄。

## 四、我的研学感悟

　　我在本次研学中印象最深的就是会同村内的古建筑，它们既好看又有历史价值，我十分喜欢。同时在这次研学旅行中，我也了解到了不少会同村的历史和各方面的知识，这些知识可能是从课本上学不到的，所以这次我感觉收获满满，同时我也对生活的珠海也多了一分了解。在这次活动中，我们是一个兴趣班的同学们和老师一起来的，老师为了让我们对会同村留下更深的印象，组织了不少游戏。在这些游戏中我最印象深刻的就是老师提前准备好照片，让我们分成小组在整个会同村里寻找这些图片的所拍摄地方。这个游戏十分有趣，也使我们跑遍了会同村的各个角落。在休息时，我们坐在村内的一大片空地上，那里有小河、小草、大树等。我们看见当地的老人们坐在石凳上玩着游戏唱着歌，充满了青春的活力，这让我感觉到了村内人们的活泼向上。当地的美食也十分有特色，中午我们在一家饭店里，吃到了很有名的荷叶包鸡（听说吃这个要提前一天预订才能吃到），果然很好吃。饭店旁还有一条小河，小河里游着小鱼，让人记忆深刻。本次活动，我认为需要改进的地方是来之前应该做好路线规划，因为在研学过程中有很多时候找不到路，但在这次研学旅行中，我还是收获满满。

## 五、家长点评

　　本次活动让孩子们了解到了珠海会同村的许多知识，既有乐也有学，我认为这样的研学活动挺不错的。这样比在家里跟孩子讲这里的事情有效率多了，也让孩子在这次研学活动中了解到不少自己生活的地方的各种知识，也让她明白了出游攻略、计划的重要性，希望下次出游时能让她自己做好出行安排等。挺喜欢这次活动的。

# 文章三：潮州研学成果录

夏湾中学2020届6班　郑佳雯

## 一、选择本次研学路线的原因

我们一直以来对于广东省内的建筑没有什么了解，很想去感受下历史的氛围，恰巧潮州离我们并不很远，大家有这个意愿，就决定一起去看一看。

## 二、本次研学路线的行程、困难及解决方法

**路线：**深圳—潮州广济桥—潮州开元寺—潮州牌坊街—潮州广济楼—深圳。

**困难：**对潮州城市交通不熟悉。潮州有很多小巷子，我们在导航的指示下，被带入巷中，偏离目的地，巷子狭窄。前方车辆堵在前面，进去难以出来。

**解决方法：**巷子里热心的街坊帮忙指挥前方车辆离开，车子缓慢开出巷子，出巷子后，右转终于抵达目的地。

## 三、研学见闻

潮州位于韩江中下游，是广东省东部沿海的港口城市，东与福建省的诏安县、平和县交界，西与广东省揭阳市揭东区接壤，北连梅州市的丰顺县、大埔县，南临南海并通汕头市。位于东经116° 22′ ～117° 11′，北纬23° 26′ ～24° 14′。属亚热带季风气候。全市地势北高南低，山地、丘陵占全市总面积的65%。

**美食：**鱼生、芋粿、红桃粿、蚝烙、砂锅粥、反沙芋头、牛肉粿条、油橄榄……

**当地传说人物：**广济桥王源除怪石。

王源，福建龙岩人，字启泽，号苇庵，明永乐甲申科进士。宣德十年（1435年），他到潮州任知府。

当时，在潮州，横跨韩江的广济桥已颓败不堪，过江只能靠摆渡。地主豪绅却霸占渡口，借渡敛财。王源见状，决心修复广济桥。那时，西湖山上有两块怪石，大数十围，高数丈，因形状酷似蟾蜍而得名"蟾蜍石"。这两块怪石朝城区方向倾斜，潮人皆说这是"白虎瞰城"，潮州因此常闹火灾，百姓多诉讼。王源暗自思量：修桥正需要石料，不如将此二石除去，一则助修桥，二则为民除害。主意既定，他就命令李通、陆雄率领一帮民工到西湖山除石。收惯了渡船钱的豪绅们听说要除石修桥，断了他们的财路，立即散布谣言，说谁动了怪石，便惹了灾祸，潮郡人将要大难临头。一时间风声鹤唳，民工们谁也不敢动手。

王源知道有人在背后捣鬼，便亲自拿着铁镐，在怪石旁说道："韩愈在潮州能驱走鳄鱼，我王源也要除此怪石！若招来祸灾，概由本官担待！"说罢，猛向石头挥去，"轰"的一声，火花四溅，怪石已缺了一片。民工们见知府亲自动手，也纷纷挥动铁镐。没多久，两块怪石便碎成数段，倒在地上。除了怪石，石头经过石工的加工，大的拿去作桥梁，小的拿去砌桥墩。广济桥修成了，而潮州的灾祸及诉讼自此也少了许多，百姓们无不拍手称快。但被断了财路的豪绅们以王源造桥为自己树碑立传，挂自己肖像于亭中为借口诬告他，王源因此被捕坐牢。幸好潮州父老派代表上京请愿，他才得以平反，官复原职。

王源在潮州时，为民做了许多好事，后人曾在广济桥头兴建"王公祠"来纪念他。

## 四、我的研学感悟

这是一次愉快的体验，与其沉浸在网络世界里，不如这样出来走走。

潮州是一个古朴、热情的古城，在这里用潮汕话交流很方便。潮州有卖各种各样精致、典雅的瓷器和工艺品，食物也很好吃。（但各人各味吧，毕竟"一千个人眼里就有一千个哈姆雷特"）。

我们到达广济桥时，时值正午，人头攒动。听家人说，广济桥中间有个"锁链"（大概是这么叫），每当有船经过此处时，这个链子便会解开，桥就好似分成了两半。对此描述，我感到万分好奇，特别想亲眼看见此景。只是有件事让我们打了"退堂鼓"——排队，当时排队的队伍很长，仿佛看不到尽头……恰巧我没带身份证，排了也未必进得去，即便我很想亲眼去看看，也顶不住长时间烈日下的排队。只能远观广济桥，感受氛围，呼吸呼吸新鲜空气，其实还是蛮遗憾的。

老市区并不大，靠两条腿走也有颇多乐趣，我觉得这是一座值得放慢脚步的城市，慢点走可能还会看见不一样的东西。我们转而去了开元寺，听到这名字我不禁想到唐朝时期的"开元盛世"。寺庙的大门门槛很高，据说能起到缓冲步伐、阻挡外力的作用，也能阻挡外部一切不利因素及防止财气外泄，这就关乎风水问题了。门最上方一个牌匾写着"度一切苦厄"，还有一牌匾写着"开元镇国禅寺"。在大悲殿前，许多人在点香，求神拜佛，跪在神坛前念叨着愿望是"世事顺顺，平平安安"，我也同样去点了三炷香，恭恭敬敬地跪在神坛前，愿世事平安顺遂，祈求佛保佑我，再把香插在指定的地方。那一刻，真心觉得舒服。在看大云版时，我发现上面有些铭文，虽难掩历史的痕迹，但被天天敲击，仍能保存至今，我便觉是"奇迹"，在这如同陷进去般，舍不得走掉。在大悲殿，有许多人驻足于此，外墙有数幅浮雕，内容是《观经》里的234个佛经故事，在大殿周围还有数根龙形状的柱子，其雕刻可谓精巧，大殿整体色彩协调且丰富，风格古朴，此乃朝拜观光之胜地啊！

我们发现潮州一些历史比较悠久的地方，建筑多采用青石浮雕为构件，如开元寺、牌坊街。

只是下次应做好更为详细周密的计划，避免研学过程中出现问题耽误时间。很遗憾没去广济桥和韩文公祠。

## 五、家长点评

偶尔能有这样的一次体验，肯定是很好的，能让孩子多开阔眼界，多去了解下历史文化。其实潮州算是一个文化底蕴还算深厚的城市，但孩子之前完全不了解原来有潮州这些地方，也算有些偏见。这次有机会去看一看、了解一下，虽然交通不太好。在潮州的小道上走走，能感受到历史的气息，感受到街头巷尾的人文情怀，至少它给我呈现的还是美好的，残存的历史古迹和文化是亮点。

这次时间安排上略有点不合理，用相机记录下的画面不多，以后一定要多记录下精彩的瞬间。

# 文章四：陕西研学成果记录

夏湾中学2018级5班　吴彦麟

## 一、选择本次研学路线的原因

陕西历史源远流长，民族文化闻名遐迩。陕西是中国古人类和中国民族文化的重要发祥地之一，是中国历史上十三个朝代的政治、经济、文化的中心，是中华民族的历史文明最早走向世界的地方，也是现代中国革命的圣地，为我们炎黄子孙的生存、繁衍和人类历史文明做出了独特的贡献。

陕西不仅是中华文明重要的发祥地、黄河文化摇篮，而且积累了自周以来十三个王朝的历史文化资源。源远流长的古代文化与独具魅力的现代革命文化都赋予了陕西文化以独特魅力，使陕西的自然、社会、物质、精神等文化资源无比丰富，是开展本次研学活动的首选之地。

## 二、本次研学路线的行程，困难及解决方法

**研学路线：** 珠海—龙脊梯田—恩施大峡谷—西安古城墙—大雁塔—秦始皇帝陵博物院—陕西省历史博物馆—华山—珠海。

**困难：** 在前往秦始皇陵博物院下高速的途中遇到交通事故，堵车严重，到达时间比预计时间晚一个小时。

**解决方法：** 在公路旁的农田里，见到一位农民老伯，我们便上前询问，他告诉我们："沿着高速公路再往前走几公里，还有一个高速公路出口，下了高速公路往回走也能到达秦始皇兵马俑博物馆。"他还说："虽然要多走几公里路，但是也比在这里等要快。"

## 三、研学见闻

| 地点 | 经纬度 | 温度带 | 地貌 | 美食 | 民俗风情 | 建筑特色 |
|------|--------|--------|------|------|----------|----------|
| 龙脊 | 东经109°<br>北纬25° | 北温带 | 丘陵 | 竹筒饭、竹筒鸡 | 瑶家女留长发、发质良好 | 木质榫卯 |
| 恩施 | 东经109°<br>北纬30° | 北温带 | 山地 | 小土豆、腊肉 | 勤劳质朴 | 土家圆顶斜瓦 |
| 西安 | 东经107~109°<br>北纬33° | 北温带 | 平原 | 羊肉泡馍、凉皮、biangbiang面、肉夹馍 | 热情、洒脱、乐观 | 汉唐亭榭楼台式建筑 |

## 四、我的研学感悟

有人赞：忆来惟把旧书看，几时携手入长安。也有人说：长安回望绣成堆，山顶千门次第开。一直以来，我对西安这座古都是崇敬有加的，因为它有十三朝帝都的悠久历史，有举世闻名的文化遗产，有唐风秦韵孕育出的别样风情。

游览了凝聚数代劳动人民智慧与辛勤劳作的龙脊梯田和大自然鬼斧神工雕琢而成的恩施大峡谷，我来到了令人神往的城市——西安。今天的西安，表情是现代的，但依然有汉唐的风骨和神韵。钟楼暮鼓尤在，古老的城墙尚存，护城河水依然泛着汉唐的清波，汉墓唐陵前站着千年古柏，虬曲的枝，沧桑的干，披着岁月的风沙，风骨硬朗，神态依然。来到了西安古城墙，站在永宁门前，看着那碉楼，望着那城垛，眺着那厚重的城墙，仿佛置身于汉唐时期，仿佛看见了汉时的朝阳，唐时的华光。此时太阳当头、光芒万丈，天上那圣洁的云朵，地上那无际的城墙，城市也伴随着旭日的东升而渐渐热闹起来。"龙衔宝盖承朝日，凤吐流苏带晚霞"这样绝妙的诗句，可是卢照邻先生在此等热闹环境下吟唱出的？

伴随着轻快的脚步，来到了下一处研学地点——大雁塔。它阅尽人间沧桑，历尽岁月寒霜，砖棱上结满了苍苔，却依然站立在那儿，迎着朝霞，送走夕阳。可能因为是大雁塔有西天佛光的护佑，战火焚烧不了它，风沙摧毁不了它。历史上的西安，虽然发生过数次大大小小的地震，但大雁塔那古迈的身姿只是摇晃了一下，又坚定地站成完整的自己，让人不由得佩服至极。

秦始皇陵真是名扬中外，绝伦古今。《阿房宫赋》写尽了秦始皇陵的奢华与阔气。一个人每天使用全国人口的三分之一的劳动力，花费近40年的光阴为自己建造的陵墓，可以想象它的巨大无比，华丽无比。这里也许就是秦始皇当时都城的缩影，秦始皇陵占地16000多平方米，阵容强大的兵马俑仅占陵墓面积的3.5‰！如果秦始皇陵的地面部分没有被项羽烧毁的话，该是一座多么宏伟壮丽的都城！也许比埃及的金字塔更能闻名于世吧。

兵马俑的名字在世界上更是如雷贯耳，精妙的铜车马，庞大的地下军队——真人大小、千人千面的兵马俑，令人震撼。特别是镇馆之宝——完整的跪射俑，他的表情那样生动鲜活……2000多年前的中国人是何等的智慧，他们用如此精湛的技术创造了这般精美绝伦的艺术品，如何不让我由衷赞叹！

下一站是五岳之一的西岳华山，它位于陕西华阴市城南，海拔1997米，因山峰自然排列若花状，故得名。它南接秦岭，北瞰黄渭，以奇、险、峻、秀著称于世。据《山海经》记载："太华之山，削成而四方，其高五千仞，其广十里。"古人有云："山无石不奇，无纯石不大奇"。华山之奇就在于它是由一块完整硕大的花岗岩体构成的。要说华山最有名的，就是最高处的南峰了。登上山顶时，我不由得想到"会当凌绝顶，一览众山小"。黄山之美、泰山之雄、衡山之秀、恒山之奇、嵩山之绝都引人入胜，但它们显然都不符合武林人的个性，只有华山的险峻与爽直，才是对武林人最好的诠释。站在华山之顶，"当今世界谁主沉浮"的豪迈气概与博大胸怀便了然于心，这正是武林人所想要的情怀！

西安之行，我把它当作一种豪迈之旅。在这里，我感受到中华文明传承的历史脉搏，从中探索历代帝王在这里发迹的历史秘密。黄河之水天上来，在黄土高原上一泻千里，奔腾不息。流光溢彩的西安，给我留下了不可磨灭的记忆，而这神州华夏所绽放出的绚烂之光，将会在这世界上永世长明……

## 五、家长点评

这次假期外出旅游虽然早已确定，但是依然商议良久，什么时间出发，具体线路、交通方式、行程安排都要做好计划与安排。在家庭会议中，首先确定了本次旅游为人文之旅，就是去看看伟大祖国不同的风土人情、民俗特色，之前我们攀登过风景独特，奇秀壮阔的黄山；亲眼见证了奔腾咆哮，一泻千里的黄河壶口瀑布；游玩了充满儿时奇幻记忆，惊险刺激的迪士尼乐园。这回要去的便是拥有悠久历史，展现波澜壮阔江山一统的历史古都——西安。

　　由于是自驾出游，在去西安之前，我们先后去了广西的龙脊梯田和湖北的恩施大峡谷，它们一个是劳动人民通过自己的辛勤劳作和智慧造就的人为景观，展现出华夏儿女自我奋斗的拼搏精神；一个是经历长期地壳运动造就的神奇自然景观，算是大自然给人类的恩赐。

　　到达西安，我们先后去了西安古城墙、大雁塔、陕西省历史博物馆、秦始皇兵马俑、黄帝陵等著名景点，书本里的知识在我们眼前一点一点呈现，历史中的故事在我们耳边一次一次回响。我们用脚步丈量城墙、陵园，听炎黄二帝华夏始祖，始皇秦帝统一中国的故事。历史上十多个王朝曾定都在这里，古代城墙如今依然守护着古老的城郭，文人墨客为它毫不惜墨，诗词歌赋尽显中华儿女"长安情结"。

　　夜登华山是我们旅行的最后一站，原以为入夜后登山的人会少一些，到了山脚下才知道，适逢周末，人还是挺多的，山路比我们想象的要难走一些，有些山梯也只是仅能容纳一个人上下，几乎是前边的人刚一抬脚，后边的人就赶忙将自己的脚踩了上去。就这样一步一步走了近十个小时，终于在黎明之前登上了华山东峰，准备欣赏日出。由于凌晨天上有云雾遮挡，听当地人说是看不到日出了，等待的人们无不唏嘘。天微微亮了，就是不见太阳踪影，但我们仍然翘首以盼，"出来了！出来了！"随着人群中发出的充满喜悦的呼喊，只见东边的云朵上边，太阳露出了久违了的光芒，红彤彤地映衬在天边，照亮了山顶，驱赶了身上的寒意，身体瞬间像心情一样温暖起来，让人感觉一夜的辛苦都是值得的，这一幕令人激动又感动。

　　这趟人文之旅开始让人期待，期间充满汗水，结局让人回味！别了，西安！你的古朴风貌、你的辉煌文明、你的灿烂成就，让每一个来过的人都会流连忘返，这样的旅途感受将留在我们心中久久，久久……

# 文章五：北京研学成果记录

夏湾中学2018级4班 何睿旻

## 一、选择本次路线的原因

想感受首都历史建筑与现代化建筑设计理念的视觉震撼。

## 二、本次研学的行程、困难及解决方法

**路线：**北京珠穆朗玛酒店—天安门广场—毛主席纪念馆—天安门城楼—故宫博物院—天坛公园—鸟巢—水立方—珠穆朗玛酒店（时间为7月10日全天）。

**困难：**研学途中生病。

**解决方法：**在当地买药，坚持行程。

## 三、研学见闻

### 1. 地理知识

北京位于东经115.7°～117.4°，北纬39.4°～41.6°，中心位于北纬39°54′20″，东经116°25′29″，总面积16412平方千米。北京位于华北平原北部，背靠燕山，毗邻天津市和河北省。北京的气候为典型的北温带半湿润大陆性季风气候。北京的西、北和东北部群山环绕，东南是缓缓向渤海倾斜的北京平原。北京的地势是西北高、东南低，西部是太行山余脉的西山，北部是燕山山脉的军都山，两山在南口关沟相交，形成一个向东南展开的半圆形大山弯，人们称之为"北京弯"。如古人所言："幽州之地，左环沧海，右拥太行，北枕居庸，南襟河济，诚天府之国。"

北京在历史上曾为六朝都城，在从燕国起的2000多年里，建造了许多宫廷建筑，使北京成为中国拥有帝王宫殿、园林、庙坛和陵墓数量最多的城市。北京的

建筑特色明显，如皇家城池、四合院、胡同、中轴线、庙宇等。

**2.革命历史故事、当地故事、传说**

传说，当初刘伯温修建北京城皇宫的时候，皇上和他的儿子燕王打算把宫殿修盖得量多点儿、大点儿，觉得皇帝居住的地方应当特别华贵，不然就显不出天子的尊严。这天，皇上正要传旨宣刘伯温，就在这个节骨眼儿上，刘伯温来了。刘伯温一见皇上就说："启奏万岁，臣昨天夜里做了一个梦，梦见玉皇大帝把臣召到凌霄殿上对臣说，'你朝皇帝要修盖皇宫，你告诉他！天宫宝殿是一千间，凡间宫殿万不可超过天宫。你还要告诉他，要请三十六金刚、七十二地煞去保护凡间皇城，才能够风调雨顺、国泰民安，你要牢牢记住。'玉皇大帝说完这些话，迎面就过来一阵白茫茫的香雾，一下就把臣吓醒啦！"皇上听了觉着很怪，想了想，就下旨叫刘伯温去监造不到一千间，可还得跟天宫差不多间量的皇宫，并去请金刚、地煞来保护皇宫。刘伯温领旨就办去了，这事儿一下子就在北京城传开了，老百姓都等着要看刘伯温怎样修盖皇宫，怎样去请三十六金刚、七十二地煞这些神仙来保护皇宫。过了些日子，刘伯温就把事儿全都办好了。皇上一看，那宫殿盖得甭提有多华贵了，间量还真是不到一千间也差不多，再看宫院里金光闪闪，好像有神仙镇守。皇上越看越高兴，当时就传旨，给刘伯温加官晋爵，还赏赐了很多珠宝。外邦听说刘伯温请了天神三十六金刚、七十二地煞保护皇城，也就不敢兴兵作乱了。

后来人们才知道，原来故宫里的宫殿是九百九十九间半；天神三十六金刚就是宫殿门口摆着的三十六口包金大缸；七十二地煞就是故宫里的七十二条地沟。

**3.知名历史人物**

刘伯温、关汉卿、熊子丹、刘志兰、张丽珠、爱新觉罗·弘历、爱新觉罗·玄烨等。

## 四、我的研学感悟

这是我第一次来到祖国的首都——一个我熟悉又陌生的地方，这一次的研学给我带来了不一样的冲击力和不可磨灭的记忆。因为这段旅程彻底颠覆了我对北京的印象。这是一座老城，一座古老又庄严的老城，在早晨到达后随着街市慢慢地喧闹起来时，我也开始了属于自己的旅行。

　　我到达北京的时候还没有到旅游的旺季，但仍然有不少旅客慕名而来。而这些热闹的景点和形形色色人群却莫名地激起了我对北京的热情与期待。我迫不及待地去参观、欣赏不同的景点，品尝首都独特的美食，这样的热情保持到了旅行结束。在这段路程中，我陆续游览了颐和园、王府井、毛主席纪念堂、天安门、故宫博物院、北京大学、长城等地，了解了故宫的中轴线，北京的城池，清朝末期慈禧太后的事迹……让我唯一感到遗憾和不足的或许就是错过了天安门的升旗仪式和国家博物馆的观展时间了，假如我下一次还有机会到北京，一定不会错过，也要把时间放松点，不那么匆忙，并在旅行前注意自身的健康。

　　在这次旅途中，我获得了许多新的知识，拥有了对外面的世界全新的见解和认知。在北京这座城市中，我感受到了安定的社会生活，这种体会使我想到了为我们今天的幸福生活抛头颅、洒热血的革命先烈们。今日的生活归功于他们，而今后美好的日子要靠我们努力学习，致敬祖国，报答社会来创造。通过这次旅行紧凑的时间和路程，也令我明白了规划、准备和效率的重要性，希望下一次会留下一段完美的旅程记忆。

## 五、家长点评

　　这是一次既紧凑，又不失研学意义的自由行路线。孩子在前一天游走于北京各大景点，有一些身体上出现的不适和疲劳，但为了一睹祖国首都天安门等历史建筑物的庄严形象，我们早上六点多就起床准备行程，而且一天自由行下来经历了诸如文明排队两个半小时步行瞻仰毛主席纪念堂、赶在最后一刻进入提前预约好上午场的故宫博物院等情况，这些从侧面可以使孩子明白生活所需要的"规则、时效以及意志力"。

　　整个行程亮点比比皆是，如一家人步行迈入天安门城楼，两个半小时深度参观故宫博物院，切身体验水立方和鸟巢的视觉震撼，以及品尝舌尖上的美味——北京蟹黄汤包和网红张记酱牛肉酱爆肚等。

　　一天下来行程满满，还有好多好多有意义的景点因为时间紧迫没有安排到，建议以后有机会一家人再把自由行计划安排得再周密一些，时间再充裕一点，这样的话就不会像因为预约时间太赶而错过了参观国家博物馆这些地方的机会。

# 文章六：埃及研学成果记录

夏湾中学2018级6班　柯汀林

## 一、选择本次研学路线的原因

埃及，四大文明古国之一，这里虽没有秀丽的自然风光，却有笼罩着无尽神秘感的美丽尼罗河。古埃及人留下了宏伟的金字塔、神秘的狮身人面像和大量宏伟的古代神庙，让我们在历史长河中往来穿梭……只要想一想，就足以让我对埃及充满无限向往！

## 二、本次研学路线行程

7月5日　晚11：30广州机场起飞，经过11个小时飞行，于当地时间7月6日凌晨4点抵达开罗。

7月6日　开罗参观萨达特纪念碑，萨拉丁古堡，悬空教堂。

7月7日　开罗—红海赫加达，傍晚驱车进入撒哈拉沙漠参观贝都因部落、骑骆驼。

7月8日　红海赫加达—卢克索，参观卡纳克神庙（方尖碑，拉美西施2世神像），乘船游尼罗河，前往香蕉岛体验卢克索的淳朴民风，乘马车游卢克索。

7月9日　卢克索，前往参观帝王谷、哈特谢普苏特女王神殿、孟农神像，后返回红海赫加达。

7月10日　红海赫加达游艇出海。

7月11日　红海赫加达—开罗，途中参观苏伊士运河、开罗哈利利市场。

7月12日　开罗—亚历山大，亚历山大参观凯特贝城堡、亚历山大图书馆、蒙塔扎夏宫花园，开罗夜游尼罗河。

7月13日　开罗，参观金字塔（胡夫、哈夫拉、门卡乌拉）、狮身人面像、埃及博物馆。

7月13日　晚上11：30开罗机场起飞，经过11个小时飞行，于北京时间下午3：30到达广州机场。

## 三、研学见闻

> 走遍万水千山
> 寻找诗和远方
> 看不一样的世界
> 追寻心灵的放松
> 走进埃及——感受它的前世今生

埃及，位于非洲东北部，地处欧、亚、非三大洲的交通要冲，是大西洋与印度洋之间海上航线的捷径。古埃及是世界四大文明古国之一，也是世界上最早的王国，他们建造了闻名世界的金字塔和帝王谷。

在我的印象里，埃及始终是一个古老、遥远而神秘的国度，人们能脱口而出的当属金字塔、尼罗河与缠头蒙脸衣着长袍的阿拉伯服饰……于我而言，那是一个遥不可及的地方。但，亲眼看见的想法却渐渐在心里生根发芽。

终于，2019年7月5日，夙愿变成行动！

## 四、研学感触

埃及是中东北非的重要国家，曾经对周边国家有很大的影响力，阿拉伯国家联盟总部现在还设在开罗，可如今的开罗街头已今非昔比。出发前导游在介绍埃及时说到，现在的埃及发达程度相当于中国的1930年，可当我亲眼看到的时候还是比较震惊的。

### 无处不在的武装保卫人员

埃及地处北非，西面是动荡不已的利比亚，东北面是叙利亚、伊拉克，东南面是也门，都是恐怖分子聚集的地方。前几年，埃及发生过恐怖分子袭击旅游胜地的事件，因而埃及对游客的保护很重视。公路上常常可以看到哨卡，全副武装、荷枪实弹的人员在哨所执勤。在景点、旅游者光顾的商店也能看到武装警卫的身影。甚至在我们出行的大巴车上，每天都有警察跟车保证游客安全。

## 埃及的交通

我们在开罗一共待了两天，最令我难以忘怀乃至谈之色变、不堪回首、惨不忍睹的场景莫过于开罗街头大堵车了。开罗堵车就像电影木乃伊中被祭祀召唤出的百万甲壳虫，那架势可是无坚不摧，无处不去，四面八方发射性的，相互碰擦就好比见面打招呼般正常。总之，开罗堵车绝对绝对是游客不容错过的埃及最壮观的人文景观！

由于在埃及车辆没有使用年限限制，开罗的车河就好像是巡游的老爷车队，有许多车都是几十年历史的老车，所以速度参差不齐，加上抛锚修理的，不影响交通才怪。碰擦不仅太常见，简直成了开车人资历的体现，这里的车几乎没有干干净净的，少则几处刮伤掉些油漆，多则全身贴满膏药。估计大家都抱着"不撞不擦不正常""与其被人撞不如撞别人"的想法吧，这应该也是交通混乱的原因之一。

据说在埃及还有一条有趣的条例，私家车是你自己的，所以爱坐几个人坐几个人，没人管。这时候就要发挥"有空间就有可能"的思维，比如一辆5人座民用轿车可以塞几个人？我看到这次是十个人！

近几年，我每年都和妈妈去一个国家，对"一出国，就爱国"这句话有非常深刻的感受：首先，无论是从广州机场还是香港机场起飞，降落到伊斯坦布尔还是开罗机场，最直观的感受是从第一世界机场到了第三世界机场。其次，无论是印尼、土耳其还是埃及，导游都要三令五申地叮嘱："晚上不要出去、平时不要走出酒店范围。"还时不时在新闻上看到，哪里有人被枪杀、哪里又发生了爆炸……给我的感觉是吸毒、盗窃、抢劫、街头火拼可能随时发生在我们身边，如果让我在这些国家生活而不是旅游，最大的感受恐怕是失望和恐惧！

过去的30年，中国在以人类历史上从未有过的势头和规模崛起，中国贫穷落后的局面已经一去不复返，中国正在越来越多的领域赶上，甚至超越西方！中国路、中国车、中国桥、中国航天、中国航海……这些发生在身边的变化，让我们获得了幸福感、安全感和自豪感！

少年强则国强，少年智则国智。我一定会为祖国美好的未来努力学习，将来也为祖国贡献出自己的一份力量！我坚信，在不久的将来，中国一定会更加强大、更加富饶！

## 五、家长点评

哈佛大学的一任校长曾说过：一个人生活的广度决定他的优秀程度。我认为，从小开始的旅程就是拓展生活广度的起点。

真正的旅行需要用双脚去丈量和积淀，即便是在高度发达的网络时代，亲眼所见、亲耳所闻依旧是最真切的触感。很多东西并不是坐在屏幕前翻开图片，观看视频，阅读文字就能了解的。我喜欢翻看与海相关的图片和视频，但只有站在海边，才能感受到海的全部。无论多么高清的媒体资料，也无论将来多么逼真的虚拟技术，也只是提供了身临其境般的感受，而非身临其境。走的地方多了，心中的故事也就多了，生命就会变得五彩斑斓！每一个地方、每一个国家、每一个异乡人，都会给我和孩子全新的认知，我们喜欢这种因旅行而变得富有的感觉，这是知识和认知上的富有，是见闻和阅历上的富有。

当然，带孩子旅行不一定要出国，也不一定要去著名的景点，只要能经常让孩子体验不同的环境，在陌生喧闹的人群中鼓起勇气去听、去看、去感受，这就是一种成长。对于孩子来说，任何事情，都要亲自用眼睛看、用耳朵听，所留下的印象，才是最真实和最生动的。只有当孩子来到一个陌生的城市，他才会真切地感受到当地的民族文化，真正领会到当地的风土人情……

读万卷书不如行万里路！旅行，是扩展生活广度的起点！

# 文章七：珠海和澳门研学成果记录

夏湾中学2019届4班　　胡思淇

## 一、选择本次研学路线的原因

我虽然从小生活在珠海，但是平常很少出门，对珠海不够熟悉。澳门近在咫尺，却从未去过。借助这次活动，可以在珠、澳两地游走一番，好好领略珠海、澳门的风光！

## 二、本次研学路线的行程、困难及解决方法

**路线：**珠海—斗门古街—澳门—珠海。

**困难：**澳门虽然不大，但我和爸爸妈妈都未曾去过澳门，怕迷路。

**解决方法：**大胆地询问当地人以及众多游客，每天澳门来访的游客都很多。还可以仔细观察路标，跟着路标走。

## 三、研学见闻

### 斗门古街

斗门古街位于珠海斗门区斗门镇。一进街口就看见一个建筑上刻着"斗门"两个大字，气势恢宏。古街主体建筑是具有南国特色的骑楼，同时融合了中西方各国建筑风格，这风格使古街在斗门的建筑中显得鹤立鸡群。商铺店门高低基本一致，规格近似。外墙和走廊天花等饰以花形、几何图形等砖刻，中西合璧的建筑风格虽然不是绝无仅有，但依稀可见其作为商业街的特色及昔日的繁华。

要考证建造古街的起因，还要从斗门墟的历史说起。据史料记载，1850年左右，澳门、加拿大的一些建筑师、牧师等宗教人士经常到斗门镇访问和居住。由于商贸业发展迅速，当时墟镇旧街的建筑已满足不了发展的需要。所以，外国

商人和本地富商开始酝酿修建街道、房屋。在这种情况下，加拿大建筑工程师嘉理慰等人统筹规划、设计，博采欧美各国古典建筑之精华，于19世纪末到20世纪初，陆续建起了广英祥、大昌、祥盛等10余间布匹店及多间百货店、中药店、米铺、钱庄。

除商铺之外，基督教还建起了福音堂，天主教建起了德式二层楼房的教堂。这些建筑构成了斗门镇清朝古街的全貌。

漫步古街，从那些保留着的招牌，完全可以想象到这条街当年的繁华。出于对传统的重视，古街大部分建筑都经过修葺和粉刷，倒也重新焕发了生机。部分店铺关门了，但杂货店、理发店等一些与生活密切相关的店铺仍然在开门营业。在街头小贩那里买上几颗橄榄，边嚼边走，慢慢感受着百年古街的韵味，倒也不失其乐。部分建筑未经修葺，虽然显得残破，却正好印证了古街悠悠的历史。部分建筑的屋顶杂草丛生，雀鸟出入其中，倒是让人生出几分沧桑的感觉。但是这些不影响古街的魅力，因为它还是一条保存较完整的原汁原味的古街，里面蕴藏着厚重的历史文化。时光匆匆，岁月沧桑，当年活跃在这古街上的生意人，早已不可复寻，当年在这街上的嬉笑喧嚷，也早已消失在历史的长河中。

古街全长500多米，虽历经沧桑，风华不再，但是依然掩盖不住那迷人的异国情调，依然让人强烈地感受到古镇那深厚的文化底蕴。

## 四、我的研学感悟

细尘卷起，将往事抛诸流年烟云里，暑假的研学行程结束了，在这次的旅行中，令我印象最深刻的就是澳门以及斗门古街。

澳门的街道虽小，但是很干净，地上几乎没有垃圾。澳门的马路虽窄，但是人们却很遵守交通规则，在十字路口几乎都没有人闯红灯。澳门人素质之高确实让人敬佩。

走在斗门古街的街道上，耳边仿佛还听得见旧时古街上喧闹的叫卖声。浅浅淡淡的生活在邻里的相处和棋盘的棋子间，透出了浓浓的人情味。古街居民的生活方式，已经成为古街文化和历史的一部分，两者相互依存，相互融通。古街就像一位饱经沧桑的老人，经历了太多的风风雨雨，悟透了生活的精髓，从繁华回归到了平静。不一样的眼里有着不一样的风景。品尝地道的美食，体味历史的余韵，斗门古街，见证了一个时代的繁华旧梦。

澳门街有很多欧洲风格的建筑，但也有很多骑楼，此地游客众多，商业非常繁荣。而斗门古街虽然中西合璧的骑楼风格很突出，游客却不多，商业不兴旺。我想：斗门古街我们是否要在吸引游客方面多下点功夫呢？

通过这次暑假研学，我了解了许多知识，看到了许多具有历史气息的建筑，领略了珠澳两地的风光，大大开阔了眼界。有了这一次的研学经验，相信在下一次的研学中我可以更加从容不迫。

### 五、家长点评

平时工作很忙，很少有机会带孩子出去玩。这一次的旅行也是不连贯的，但总算顺利，孩子的计划很周详，让我眼前一亮，孩子的成长，更让我们家长感到欣慰。希望还有机会可以继续参加这样有益身心的活动！

## 文章八：包公文化园研学成果记录

夏湾中学2020届11班　赵景成

### 一、本次研学路线的原因

包拯廉洁公正、立朝刚毅，不依附权贵，铁面无私，且英明决断，敢于替百姓申不平，故有"包青天"及"包公"之名，京师有"关节不到，有阎罗包老"之语。包公的清官形象代表着老百姓们对公正法治的期盼，今天我就满怀崇高的敬意，参观了"肇庆市包拯文化博物馆"，感受包公的政治抱负和英雄气概！

### 二、本次研学路线的行程、困难及解决方法

路线：珠海—肇庆市包拯文化博物馆（地址：肇庆市端州区城西厂排接包公祠）—珠海。

**公交车：**乘坐20、6路公交车到包公祠站下车。

**困难：**走得太匆忙没有带身份证，根据馆内规定是不允许进入的。

**解决方法：**在工作人员的指导下，我成功地在微信上通过人脸识别，获取了自己的电子身份证，并且顺利地进入了馆内。

## 三、研学见闻

肇庆市包公文化园是在原包公祠基础上改造和新建的，建筑面积约为8790平方米，由包公祠、清心园、包公文化广场、宋文化街、戏台和沿江景观平台六部分组成。

我慢慢地走近包公塑像，端详他的面容，他脸黑如锅，额中有月，抬头向上，仿佛仰天长啸，眼神坚定，仿佛能看穿世界，明辨是非。

馆内宽敞大气，馆外的亭台楼阁精致文雅，仿佛进入了苏州园林。一进门我就看到了巨大的"包公兴端州"端砚石浮雕作品，该浮雕由五块砚石拼成，长7.18米、宽2米、厚18厘米，创造了吉尼斯世界纪录，壁雕精雕细刻，并以包拯治端州的历史为主题，以"渔樵耕读"穿插整个画面，整个画卷大气磅礴，令人震撼。

馆内详细地介绍了包公的一生和事迹，充分展示了包公廉洁公正、立朝刚毅，不依附权贵，铁面无私，且英明决断，敢于替百姓鸣不平等性格特点，为我们更好地刻画和还原了包公的形象，体现了包公对当时乃至现在产生的深远影响，他的一生很好地诠释了"大公无私"一词，同时他也是当时出了名的孝子。

包公的形象广为人知，他的精神也流芳百世，如今，各种电视剧、电影、歌舞剧把包公的事迹记录了下来，相信包公公正无私的精神，会影响、改变一代又一代的人，作为新时代的青少年，我们应该大力弘扬这种公正无私、执政为民的精神。正如我们国家的领导人所言，无论改革开放到何种程度，无论中国发展成怎样的一个国家，我们都应该杜绝贪污、腐败，让廉洁公正的清风，拂过中国的大地上，滋润每个人的心田。

## 四、我的研学感悟

包公一生廉洁正直，公私分明，不依附权贵，精忠报国，是中国历史上的伟人。他是一股清风，清除了官场的污垢；他是一棵大树，精神永驻人们心中。他之所以能流芳百世，被后人所熟知，正是因为他的伟大品质改变了一代又一代人。在他的身上，我们更是发现了他所追寻和崇尚的法制精神。法治，就是要在具体的事情上，对每个人的权利和责任给予具体的分析和界定，尊重和保护每个人的权利，同时也确定每个人应该担负的责任。法治是公平，是正义，他保障了公民的基本权利，也规定了公民的基本义务，是促进人民健康发展、社会和谐稳定、国家繁荣昌盛的润滑剂。所以大力弘扬社会主义法制精神，就是全面推进依法治国的治本之策。

同时，包公的孝敬精神也让人感动，他无微不至地照顾父母，满怀感恩之心，父母亲死后，他为自己的父母亲守孝三年之久，充分体现了孝子的品行。

参观博物馆，我立志要做一个像包公那样正直、无私、爱国的人，作为班干部，应当以"多一些公平，少一些欺骗"为行动准则，老老实实做人，明明白白做事，为弘扬包公精神出一份自己的力量。作为新时代的青少年，应当积极响应国家号召，努力学习，积极向上，遵守法律，遵守道德，办老实事，说老实话，做老实人，为祖国的繁荣复兴、社会和谐贡献出自己的力量！同时，我也应当多多孝敬父母，少让他们操心，做一些力所能及的事情。

这次参观博物馆虽然比较顺利，但还是吸取了一些教训，下面有三点是以后参观博物馆需要注意的：

（1）参观博物馆之前应该多多了解博物馆类型，了解它要介绍的主题和要介绍的主要事件或人物。

（2）带好身份证，或护照，或学生证等。

（3）参观博物馆时应当错峰参观，选择人流量少时参观，避免人看人的情况，这样才能静下心来认真思考、认真观看。

## 五、家长点评

本次研学经历让孩子了解了肇庆市包拯文化博物馆，深刻了解了包拯的一生历程和他的廉洁正直，公私分明，不依附权贵，精忠报国的精神。孩子能从现代社会角度出发，展示建立法治社会的美好愿景，并明确自己作为青少年应该有的法治观念和言行，家长感到欣慰和自豪。

# 文章九：新会研学成果记录

夏湾中学2018级1班　朱泳澄

## 一、选择本次研学路线的原因

梁启超是我国近代思想家、政治家、教育家、史学家、文学家。他是戊戌变法领袖之一，他写的《少年中国说》更是家喻户晓，为了更加清楚地了解这位伟人，我们就一起步入梁启超故居，来感受一下这位伟人的家国情怀吧！

## 二、本次研学路线的行程、困难及解决方法

**路线：**珠海—梁启超故居—珠海。

**困难：**故居附近到处在修路，没法停车。

**解决方法：**在村子后面找到了一条路，在停车场停下来。

## 三、研学见闻

### 1.地理知识

地理位置：广东省江门市新会区会城镇茶坑村。

经度、纬度：20~30° W，100~110° E。

地貌：山区地貌。

温度带：亚热带季风气候。

### 2.美食

新会柑，柑普茶，以陈皮为食材的菜式汤品，陈皮水鸭汤、陈皮骨、陈皮绿豆沙、陈皮花生……

**3. 建筑特色**

梁启超故居是一幢青砖土瓦平房，分为三部分：故居、怡堂书室、回廊。故居有一正厅，一便厅，一饭厅，二耳房。正厅有门槛高、屋顶高等特点，各厅面积虽不大，但使用功能却都很齐全。

**4. 革命历史故事、当地故事、传说**

**革命历史故事：**

在中日甲午战争爆发后，清政府战败，日本人威逼李鸿章与日本签订了丧权辱国的《马关条约》，梁启超十分愤怒，联合他的老师康有为一起开展了公车上书活动（注：公车指的不是公交车，而是举人），最后虽然失败了，但是上书的内容却被越来越多的人传阅，影响也就越来越大了。

**本地故事：**

相传梁启超小的时候就十分聪明。一次他拜见老师，老师为了考验他的智商，出了一副对联的上联，要仅有五岁的梁启超对出下联，梁启超稍思片刻，对答如流，因此，老师对他十分赞赏。

**5. 知名历史人物**

梁启超（1873年2月23日—1929年1月19日），字卓如，一字任甫，号任公，又号饮冰室主人、饮冰子、哀时客、中国之新民、自由斋主人。清朝光绪年间举人，中国近代思想家、政治家、教育家、史学家、文学家。戊戌变法（百日维新）领袖之一、中国近代维新派、新法家代表人物。

## 四、我的研学感悟

梁启超，他是一名思想家。不忍心看到祖国灭亡的他，和他的老师康有为一起发动了公车上书活动——叫来了广东和湖南参加考试的举人，准备一起到都察院上书，请求光绪皇帝不要和日本人签订丧权辱国的《马关条约》。

他是一名十分出色的父亲。他抚养了九个儿女，其中三个成了中国科学院院士，其他六个儿女也在各自的领域中做出了贡献，真可谓是一门忠勇。

他是一个多才多艺的人。他酷爱书法，篆书和隶书写得非常优美。他也热爱读书，对他来说书是生活中不可缺少的一部分。

少年强，则国强；少年富，则国富；少年兴，则国兴。我们是祖国的未来，我们是祖国的希望，身为新时代的少年，我们应当不辱使命，好好学习，为实现中国梦、强国梦而努力奋斗！

## 五、家长点评

"读万卷书，行万里路。"我们每年暑假都会带孩子出去走走，今年因为有研学任务，个人感觉比之前游学显得更有意义。首先，孩子的态度更积极了，主动性更高，这或许和学校布置的任务有直接关系；其次，研学目标及主题明确，研学回来后，能把相关资料梳理并记录下来，这过程本身就是一个学习的过程。当然陪孩子去研学，做家长的也是有收获的，其中最值得一提的是梁启超的家庭教育方面：他的九个子女，其中有三个儿子都是中国科学院院士，他们在文学、经济、科学等领域各领风骚，这在中国堪称绝无仅有的家族传奇。在纪念馆，我们参观了梁启超"重教好学"家训主题展，他的教子之道贯穿一个"爱"字，希望这些对自己日后的教育有所启发。相信这次研学方式，能给孩子不一样的学习体验！

# 文章十：贵州研学成果记录

夏湾中学2018级5班　陈欣欣

## 一、选择本次研学路线的原因

（1）贵阳市是我国重要的生态休闲度假旅游城市。

（2）贵阳市是一座"山中有城，城中有山，绿带环绕，森林围城，城在林中，林在城中"的具有高原特色的现代化都市。

（3）贵阳市以温度适宜、湿度适中、风速有利、紫外线辐射低、空气清洁、水质优良、海拔适宜、夏季低耗能等气候优势，荣登"中国十大避暑旅游城市"榜首，被中国气象学会授予"中国避暑之都"的称号。

贵阳市不仅著名景点众多，而且风景优美，温度适宜，综合以上原因，贵阳可以让人舒适地进行研学。

## 二、本次研学路线的行程、困难及解决方法

路线：珠海—贵阳市—陡坡塘（小瀑布）—天星桥景区—黄果树瀑布（大瀑布）—大小七孔景区—镇远古镇—西江千户苗寨—珠海。

### 1. 行程

（1）陡坡塘（小瀑布）：天星桥景区被游人称赞为"风刀水剑刻就"的"万顷盆景"，"根笔藤墨绘帛"的"千古绝画"。

（2）黄果树瀑布：黄果树瀑布，即黄果树大瀑布。古称白水河瀑布，亦名"黄葛墅"瀑布或"黄桶树"瀑布，因本地广泛分布着"黄葛榕"而得名。为黄果树瀑布群中规模最大的一级瀑布，是世界著名大瀑布之一。它以水势浩大著称。瀑布高度为77.8米，其中主瀑高67米；瀑布宽101米，其中主瀑顶宽83.3米。黄果树瀑布属喀斯特地貌中的侵蚀裂典型瀑布。黄果树瀑布出名始于明代旅行家徐霞客，经过历代名人的游历、传播，成为知名景点。

（3）大小七孔景区：位于荔波县城南部30余千米的群峰之中，景区全长7千米，山水秀美精巧，景致古朴幽静，置身景区之中，游人立即能够感受到如诗如画的情怀。小七孔景区定位：中国最美丽的地方之一，该景区在宽仅1千米、长12千米的狭长幽谷里，集洞、林、湖、瀑、石、水多种景观于一体，玲珑秀丽，有多处景点可供游人观赏。大七孔景区定位：以原始森林、奇峰溶洞、峡谷伏流为主要景观，惊险神奇，气势磅礴，令人激情澎湃，主要景点有大七孔桥、梦塘、恐怖峡、天生桥、妖风洞、地峨峡、水神河、二层河、笑天河、龙头山、清水塘等，尤其是妖风洞、恐怖峡、地峨宫等景点，极富惊险性、神秘性、奇特性。

（4）镇远古镇：镇远古镇是贵州省黔东南苗族侗族自治州镇远县名镇，位于舞阳河畔，四周皆山。河水蜿蜒，以"S"形穿城而过，北岸为旧府城，南岸为旧卫城，远观颇似太极图。两城池皆为明代所建，现尚存部分城墙和城门。素有"滇楚锁钥、黔东门户"之称。镇远历史悠久，自秦昭王三十年（前277年）设县开始至今已有2290多年的历史，其元代清代为道、府所在地达700多年之久。

（5）西江千户苗寨：是一个保存苗族"原始生态"文化完整的地方，由10余个依山而建的自然村寨相连成片，是目前中国乃至全世界最大的苗族聚居村寨。它是领略和认识中国苗族漫长历史与发展之地。西江千户苗寨是一座露天博物馆，展览着一部苗族发展史诗，成为观赏和研究苗族传统文化的大看台。

**2. 困难及解决方法**

**困难1：**第一天，我们去了所谓的网红店吃饭，但那里的饭菜并不合我们的口味，之后的饭菜亦是如此。

**解决方法：**最后一天，我们自己去找吃的，找到一个看似不起眼的小馆吃饭。这个饭馆饭菜的味道都出奇的好吃。

**困难2：**我们这次是报团去研学，有时间限定，去景区玩的时间太紧迫，很多好玩的景点都没来得及去。

**解决方法：**下次自驾行，想玩多久就玩多久。

## 三、研学见闻

**1. 经度、纬度**

贵阳市地处东经106.03～107.17°，北纬26.11～26.55°。

**2. 地貌**

贵阳属于山地、丘陵为主的丘原盆地地区，有约1.2%面积的峡谷。

**3. 美食**

（1）酸汤鱼：酸汤鱼是苗族特色菜品，饭店里一般会做成火锅，用特制的酸汤做汤底，加上番茄、蒜、木姜子、糟辣椒等，颜色红亮诱人，酸辣开胃。贵阳每家饭店的酸汤都是自己发酵调制的，风味各有不同。个人想法：不同的店有不同的口味，需要大家自己仔细寻找符合自己口味的店，而且有些人可能不习惯这种味道。

（2）玫瑰冰粉：玫瑰冰粉是贵阳夏天街头盛行的美味小吃，与全国其他地方冰粉不同的是，这里的冰粉采用红糖水调配，秘制的玫瑰酱是它的精华所在，最后撒上芝麻，香甜又解暑。个人想法：冰粉上会放许多配料，对甜食独有钟情者或许会喜欢它呦！

**4.遵义会议会址**

遵义会议是1935年1月中共中央政治局在贵州遵义召开的独立自主地解决中国革命问题的一次极其重要的扩大会议，是在红军第五次反围剿失败和长征初期严重受挫的情况下，为了纠正博古"左"倾领导在军事指挥上的错误而召开的。这次会议是中国共产党第一次独立自主地运用马克思列宁主义基本原理解决问题的路线、方针政策的会议。这次会议开始确立实际以毛泽东为代表的马克思列宁主义的正确路线在中共中央的领导地位，挽救了党、挽救了红军、挽救了中国革命，是中国共产党历史上一个生死攸关的转折点。

## 四、我的研学感悟

本次行程中印象最深刻的是小七孔景区的瀑布和西江千户苗寨的千户灯夜景。小七孔景区的瀑布各有不同的韵味：隐藏在苍翠欲滴的群山里的翠谷瀑布，浪花飞溅，水雾蒙蒙，犹如群龙下山，清新悦目；在路侧的拉雅瀑布，给路过的人们一洗酷热和疲劳的清凉；风情万种的跌水瀑布让人们竞领风骚；而拉雅瀑布和跌水瀑布的结合更使人美不胜收。在西江千户苗寨里，每到黄昏时分，千家万户都亮起了灯。随着天色越来越暗，西江千户苗寨就变成了灯的海洋，可以看到苗寨呈现牛头的形状。为使人们更好地观赏西江千户苗寨夜景，景区在山坡高处的路边修建了观景台。在这次的行程中，我领略了祖国美好的山水风光，了解了苗族人们的民俗风情，最开心的是在最后学到了很多关于银饰的知识。

## 五、家长点评

出于孩子的成长考虑，计划在学习压力倍增之前完成云、贵、川粗略游。至今已经进行到第二步：贵、川。

从刚开始设计的自驾游到最后成行的自乘高铁贵阳参团，其中经历多番考量。好在贵、川的山水如画，风土人情更是让人流连忘返，总算是不虚此行。

对于学生来说，见多识广与书本知识同样缺一不可；在游学中学会观察、学会思考、学会理解、学会谦让更是会让学生受益终身。山水河川可以陶冶性情，风土人情可以教人处世。以上各处，我家姑娘均有所获，善哉！

个人以为，若如此游学得以推广普及，学校的教学内容当有所调整，如能将我国的历史、地理等方面的教学适当提前，在游学时可互相对照，事半功倍。

亲子在一起，走出家门，走出去，去看看这个世界，去看看异国他乡的万种风情。

就是这些"去看看"的亲子之行，带来的，已经不仅仅是难以忘怀的瞬间、时间，也是亲情的满足与感动，更是拓宽眼界、视界的胸襟与历练。

# 第三节　省STEM"艾"主题研学

夏湾中学是广东省首批STEM实验学校，主要的研究是"艾"主题项目的跨学科研究。每当到寒暑假期间，夏湾中学劳动学科教研组的老师和校德育处、班主任就一起开始组织学生在家和家长一起，进行"艾"主题研学。以下是2020年居家学习期间，学校发起的"探究艾文化——我的'中国良方'比赛"。

## 探究艾文化
### ——我的"中国良方"比赛

我国对艾草的研究源远流长，艾草有温经、去湿、散寒、止血、消炎、平喘、止咳、抗过敏的功效，同时，在房间里用艾熏烟还可以进行消毒、杀虫等。因此，艾草在我国的使用非常广泛，堪称"中国良方"。

为学习健康保健知识，创新劳动技能，宅家实践"中国良方"，同时发挥关注现实问题、培养社会责任感的综合实践活动课程的育人价值，延期开学期间，请家长配合孩子，展开探究艾文化活动，开学后，进行研究成果评比。

一、项目团队

总负责人：潘玉华

专家顾问：李帆、王懿、张景铭

主要负责人：各班班主任、何瑜、谭巧耘、宋刊

活动参与者：初一、初二年级学生与家长

二、比赛项目与要求

1. 创新"艾"美食

中医认为"正气存内，邪不可干"，体质弱是发病的关键，人体脏腑功能旺盛协调、气机调畅，"正气"就足，抗病、康复能力就强。

生活中常见艾糍糕、艾蛋等，你能创新出"新花样艾食"吗？请进行展示。

2. 香囊制作

家长配合孩子，利用芳香中药材：艾叶、醋乳香、藿香、木香、川芎、白芷、苍术，制成防疫香囊，给家人及周围至爱亲朋用。这些芳香中药材常闻可起到芳香避秽、芳香化湿、开窍醒神的作用，气机顺畅了，脏腑增强了，抵抗力就强了。

创新香囊：实用为主，外形改变（笔包、鱼等美观的样式）、用材更新（纸、丝绸、手绣、旧衣服）。

3. 你"有"金点子良方

你还有哪些独创、实用、有效的艾叶使用方法，如在市场上可以看到薄荷牙膏，你是否能用艾做成牙膏呢？再如生活中有檀香，你能否制作成艾香？你还有哪些金点子良方？请动手试一试吧！

三、成果展示形式

实物、研究报告（word文档、视频AVI/MP4）电子稿。

1. 制作团队：参赛选手和家人

2. 有图有真相（制作过程说明，附上图片或视频）

3. 遇到及解决的方法

具体问题：

解决方法：

4. 学生的感悟

5. 家长的评价

格式要求：研究报告需使用word文档，遵守上述基本结构。具体为：题目，3号黑体字，居中；作者，4号楷体字，居中；辅导老师，5号楷体字，居中；正文和参考文献，5号宋体字。用A4纸单面打印，左右留空2厘米，上下留空3厘米。

**四、作品评比**

1. 作品数量：每班作品最少12件

（1）创新"艾"美食，5件。

（2）香囊手工小创作，5件。

（3）你"有"金点子良方，2件。

（"艾"美食、香囊手工小创作可作为宅家创新劳动作业，形成研究成果。金点子良方可先思考，开学后再请教老师，最后再形成研究成果。）

2. 评奖

按比赛项目进行评奖。"艾"美食、香囊手工小创作分别评出一等奖10名，二等奖15名，三等奖若干名，具体视作品质量而定。金点子良方评出"最佳创意奖"和"最具实力奖"。获奖学生及家长颁发荣誉证书，辅导老师为优秀指导老师。

珠海市夏湾中学

2020年3月27日

学生居家的"中国良方"，做艾香囊、艾饼等一系列居家活动，给了我们莫大的惊喜，现在摘取部分，与君共享。

# 文章一："艾"香囊的制作

夏湾中学2018级6班　卢诗月

　　列夫·托尔斯泰曾说过：幸福存在于生活之中，而生活存在于劳动之中。

　　劳动是一种美德，劳动是一种修养。劳动也是每一位社会公民必备的品质。而正如我们的主题一样，香囊是古代劳动人民创造的一种民间刺绣工艺品，是越千年而余绪未泯的传统文化的遗存和再生。

　　香囊以锦制作，又称锦囊或锦香袋、香包等，今人称荷包。一般系于腰间或肘后之下的腰带上，也有的系于床帐或车上。"榴花角黎斗时新，今日谁家酒不樽。堪笑江湖阻风客，却随蒿叶上珠门。"这首古诗是描述当时人们欢度端午佳节的种种习俗。端午节前后，人们除了吃粽子、插艾叶以外，还要给孩子们带上香囊。

　　通常人们喜欢在香囊里装上艾叶，做成艾草香囊。艾草香囊就是在精美的香囊中填充上好的金艾绒或者晒干的香艾叶制成的，有辟邪驱寒、醒脑提升等保健功效。艾草是一种可以治病的药草，插在门口，可驱蚊虫，制成香囊寓意驱邪避害招百福！

　　下面，我就带领大家一起制作艾草香囊，送给我们最亲爱的人吧！

## 一、制作团队

卢诗月和妈妈。

## 二、制作过程说明

1. 先准备好所需材料。（剪刀、针、不同颜色的线、珠子、流苏、绣绷、布料、绳子）

2. 将布料固定在绣绷上，用力拧紧螺丝（一定要拧紧，不然布料会掉下来的），将线穿入针中。

3. 用明黄色的线缝向阳花的外围。（采用一字针的针法）

4. 用不同颜色的线装饰向阳花的花心。

5. 用绿色和白色的线分别将叶子与小花缝好。

6. 将布料剪下来，然后再剪一块与布料（绣花了的那一块）形状相同的布料，缝合。（但要留一小孔）

7. 将其翻转过来，把艾叶填充入香囊，固定好绳子与流苏。一个美丽的艾叶香囊就完成了。

### 三、遇到的问题及解决方法

**问题1：**没有接触过缝纫的经历，不懂得穿针引线，也不了解刺绣需要的手法，普通的缝制可能会不雅观，怎么样缝得好看是个大问题。

**解决方法：**上网查教程，查看各种关于缝制的教学视频，并且询问专业人士（妈妈），妈妈的生活经验比丰富，在这方面帮了我不少忙。

**问题2：**材料不足，没有合适的布料、彩色线、流苏等。

**解决方法：**在家里寻找一些不常用的东西替代，或者自己自制一个简易流苏。

**问题3：**家里的线太粗了，无法穿过针头，缝制效果不佳。

**解决方法：**把线拆开分成一小撮一小撮，这样方便穿针线，缝制出来也会好看一点。

### 四、学生感悟

经过这次手工制作，我明白了世上没有什么事情是轻而易举的，一分耕耘，一分收获。你付出的永远跟你的收获成正比。同时，要对自己有信心，无论什么事，都不用害怕自己做得不好，因为只要肯付出，只要愿意尝试，那么没有什么是做不到的。在生活当中，要培养自己的动手操作能力，往往在不经意之间，我们便可以变废为宝。一个不起眼的小东西也可以在我们的手中变成一个装饰品、工艺品。我也明白了生活的乐趣来源于跟家人的合作，一次简简单单的操作便可加强我与家人的沟通，增加我们的感情，以后有时间我会多跟妈妈一起发现生活中的美。

## 五、家长评价

虽然这只是一个简简单单的手工亲子活动，但是对于我们家长和孩子来说，这不仅仅是一次活动这么简单，更重要的是能增进我们与孩子之间的感情，培养我们与孩子之间的默契。在跟女儿一起制作香囊的过程当中，我发现女儿也在慢慢成长，她学会了缝制，更重要的是家人一起合作的那种幸福感，增进了一家人的感情，女儿也懂得了妈妈平时照顾她生活起居的不易，懂得了关心长辈。所以，今后我再忙，也要在家多陪孩子玩一些亲子游戏，这对孩子来说都是受益匪浅的。希望学校多组织一些这样的亲子活动，让家长与孩子在学校里接触的机会更多，更加了解孩子，让孩子的童年生活更加丰富多彩，让孩子更加健康快乐地成长！

## 文章二：我的DIY香囊

夏湾中学2018级8班　卢晓婷

## 一、制作灵感

想必大家都看新闻了吧，特殊时期最好的措施就是：少聚集，少出门，勤洗手，戴口罩，勤消毒。保护好自己就是对社会最好的帮助。

学校开展"艾"主题活动，其中有一个活动我是特别感兴趣的，那就是制作香囊。配方需要的材料比较少，成本也低，基本都能买到。

布、艾草包、针、线、吊坠……一应俱全，就待我开工了。

首先，穿针引线。我左手拿针，右手拿线，瞪大眼睛，凑近了针眼，可这针、线老是打架，怎么都穿不过去。时间一分一秒地流逝，我急得像热锅上的蚂蚁。后来我去网上寻找了方法，原来只用穿一条线。哎！我深深叹了一口气，终于穿进去了。下面就是个漫长的过程，看似简单的东西，实际操作起来真的是难，不仅要浪费大量的时间，而且有时候线还穿不进去，甚至会扎到手。最后，我终于把图案的部分缝好了。

接着就是缝香囊的部分了。这一步也是重要的一步，如果没有缝紧的话，就会导致里面的香料掉出来，所以要用黑线先固定住，一定要留个小口，这样方便把香料放进去。这一步缝边的时候要用两股线，所以穿线部分也是比较难的。

最后放香料，艾叶、醋乳香、藿香、木香、川芎、白芷、苍术制成的防疫香囊，大功告成！

## 二、遇到的问题

1. 在一个地方多次缝时，针很难插进去。

2. 线太短了导致没办法打结。

3. 四股线或多线的穿针比较难。

4. 一股线因为线太细容易脱线。

## 三、解决方法

1. 可以用剪刀把针拔出来。

2. 用打火机烧一下。

3. 用一点水让线保持一种湿度，并把线一条条地穿进去，不要一次性全部放进去。

4. 在针口打一个结，不要越过针打，在缝的时候要小心，防止脱线。

## 四、制作感悟

从来没有做过缝制手工的我，对于香囊的制作，有点迷茫。

但即使是这样，我也尝试了。刚开始制作时，我小心翼翼，怕做错，因为只有一次机会。开始穿针的那一刻，我是懵的，为什么这么多线一起穿呢？带着这个问题，我去找了答案，原来我要编的是两股编在这里面，抽一条线就可以了。接下来，是个漫长的过程，从刚开始的生疏，到后来的娴熟，在做好的那一刻，我的心情是激动的，兴奋的。但在那一刻，我也特别想休息。

## 五、家长评价

制作香囊的过程，虽然比较漫长，但是是在考验我们的耐心和细心。我们要对自己有信心，相信自己能做好，并勇敢地去尝试。

事实证明，孩子的DIY香囊，特别棒！

# 文章三："艾"的奉献

### 夏湾中学2018级6班　陈子维

自古以来，艾草就是民间常用的一种草药。为什么常用呢？让我们一起来了解一下艾草的功效与作用吧。艾草苦燥辛散，能理气血、温经脉、逐寒湿、止冷痛，为妇科用药。用来治疗脘腹冷痛，经寒不调，宫冷不孕等症状。炒炭止血，可用治虚寒性月经过多，崩漏下，妊娠胎漏，如胶艾汤。用艾捣绒，制成艾条、艾炷，外灸能散寒止痛，温煦气血。煎汤外洗可治湿疮疥癣，祛湿止痒。用艾草预防瘟疫已有几千年的历史，中草药可以就地取材，且现代医学的药理研究表明艾草是一种广谱抗菌抗病毒的药物，它对好多病毒和细菌都有抑制和杀伤作用，对呼吸系统疾病有一定的防治作用。艾草烟熏防疫法是一种简便易行的防疫法。艾草具有抗菌及抗病毒作用；平喘、镇咳及祛痰作用；止血及抗凝血作用；镇静及抗过敏作用；护肝利胆作用等。艾草可做"艾叶茶""艾叶汤""艾叶粥"等食物，以增强人体对疾病的抵抗能力。艾草具有一种特殊的香味，这特殊的香味具有驱蚊虫的功效，所以，古人常在门前挂艾草，一来用于避邪，二来用于赶走蚊虫。

## 一、制作团队

陈子维和妈妈。

## 二、制作过程说明

1.首先将艾叶焯水，不需要太久，水开后放入艾叶，约一分钟就可以捞起。

2. 将艾叶放入搅拌机中，因为我觉得果汁机搅拌得比较细腻，所以我直接用果汁机搅拌（搅拌工具因人而异，主要是可以搅拌成泥状就好了），放入果汁机中时可能会有些水，没关系的，不需要刻意倒掉。

3. 发酵好的艾叶可以做盒子、包子、饼，口感松软易消化，特别适合老人小孩吃。

### 三、遇到的问题及解决方法

在搅拌艾叶时开始怎么也搅不碎，后来妈妈告诉我要加点水，果然一下成了泥浆。其次就是做出来的饼会苦，为去掉苦味，我将艾叶洗净，烧一锅水，煮熟捞出；然后放到盆中反复清洗，就可把其苦味去除，或在锅里加油，将艾叶跟糯米团一起放入搅拌，再加适量的糖跟盐，也可去除苦味。

### 四、学生感悟

通过了此次活动，我内心有很大的感受。第一，我亲身感受到了粮食的来之不易，所以应当好好珍惜，不应该浪费每一粒粮食；第二，此次活动，我上网查找了许多关于艾草的资料，让我对艾草有了更加深入的了解，也对中药有了一定的了解，在无形之中增加了很多知识。

艾草是一种多功能植物，养在家里能驱蚊虫、苍蝇和蚂蚁等以及净化空气，做食材的话营养又美味。同时，艾草还是一味养生保健功能繁多的药材，能平喘镇咳和祛湿散寒等。

艾叶草是一味中草药，味苦辛，性温，归肝、脾、肾经，具有理气血、温经脉、逐寒湿、护肝利胆的功效。因此，在清明这个节气，食用由艾叶草做成的食物可以有效地清热解毒、消炎降燥并增强人体对疾病的抵抗能力。

### 五、家长评价

在孩子成长过程中，家务劳动与孩子的动作技能、认知能力的发展，以及责任感的培养有着密不可分的关系。

（1）爱做家务的孩子学习也会更好。

（2）增加孩子的自信心。

（3）培养孩子学习解决问题的能力。

总之，让孩子做力所能及的事情，会让他终身受益。

只有让孩子参与生活，才能感受生活的美好。正是在琐碎中，我们了解了生活的意义，为了生活得更舒适，更美好，我们需要拥有整洁的环境，需要拥有美味可口的食物。在潜移默化之中，孩子更感受到了一个家浓浓的温暖与爱意。

生活的课堂中有许多知识和技能，只要父母用心向孩子传授，孩子会在此过程中学会很多。

# 文章四："艾"香囊

夏湾中学2018级6班　黄冰妮

古人常对艾赋予诸多美誉，如形容年轻貌美的女性为"少艾"，称保养为"保艾"，把太平无事写作"艾安"……普通的艾草，古人却看得如此重要，对其寄托了重重深意，可见自古以来艾草就深得人们喜爱。这爱也并非凭空产生，我们知道"清明插柳，端午插艾"，古代常用艾叶预防瘟疫，辟邪，插艾这一举措也恰好起到了一定的保护作用，于是古时候的人们对此深信不疑。也许我们会认为这纯粹是迷信，可也不能完全否认艾草具有这种能力。因此，关于"艾文化"，我觉得从多方面看还是具有传承意义的。

随着时间递增，经过无数代传承的"艾文化"，似乎已是中华民族的情结，优良的传统文化带给我们的不仅是片刻的幸福感，更是长久的敬重感。我们都应认真对待优良习俗，传统文化，在品味中学习，在品味中成长。

学校组织的此次活动不仅使我们走近了"艾"，更为我们提供了一个学习的契机，那么就让我开始介绍关于我的"艾文化"吧！

## 一、制作团队

黄冰妮（因清明回乡，家人无法参与，第五个环节也因此省略）。

## 二、制作过程说明

1. 首先，找到一块布（根据自己家中有的布，选择自己喜欢的颜色），剪为合适的大小。可以多裁几份，以防操作过程中因为不熟悉而导致制作失败。

2. 接着，选择自己喜欢的颜色，用色素或者颜料染色，如果喜欢白色可以跳过此环节，已经选好自己喜欢的颜色的布也可以跳过此环节。

3. 我预想的颜色是用蓝色和绿色色素混合染成，可我选择的布难以染色，几经尝试后失败了。后改为用颜料上色，虽然没有色素的"清"，但也比白色好一些！

4. 放入颜料中的布已经有深浅不一的淡绿，因为光线以及没有白色的对照，看不出效果，而此时被水浸湿了的布也已被我用吹风机吹干了。铺在上面的是艾叶，因材料欠缺，只放了这一种。

5. 我铺完艾叶后，卷了几圈，便拿着完全没有封口的布缝了起来，缝着缝着，布里的艾草全部掉了出来……于是我改变方法，决定缝完两个面后再将艾叶塞进布袋里，然后再后封口。漫长的时间里，我就以这样的姿态缝着，以防艾叶撒一地。

6. 缝完后，不知以什么作为手持"香囊"的物品，因材料不足，只能拿钥匙扣代替。而让钥匙扣穿过布，也挺难的，必须在"香囊"中间穿个孔，孔小穿不过，而且就算穿过了一层布，后面还有几层布过不去，只能从零尝试一次过几层。我选择孔穿大一点，这样操作起来稍微容易一点，但是一不小心——太大了……可能一不注意，布里的艾草就会掉出来一些。香囊的颜色还是不太明显，为了看起来更美观，我贴了几个图案上去，弥补一下。

## 三、遇到的问题及解决方法

**问题1**：没有家长的协助，网上查找的方法太难。

**解决方法**：自己弄。多多尝试，即使消耗的时间很多，成品也不佳，但重在参与！

**问题2**：如上面的介绍所示，我的材料严重不足，没有及时参考提示并去购买。

**解决方法**：选择替代其用处的物品，或者舍去我没有的材料。（我唯一的艾叶也是找初一的表妹借的）

**问题3**：完全没有做此类手工制作的经验。

**解决方法**：为自己留好如果失败需要重新准备的材料。例如，我准备了两块染色的布，果然我第一次染色失败了（色素不成功加上后来颜料的染色效果太奇怪，颜色太多不美观），然后就用备用的布重新染色，好一点点。（建议大家多给自己留一点备用物品，两份还是不太够的）可能过程有点艰难，我满手都是颜料，但因为是第一次制作，有这样的效果已经挺不错了。

## 四、学生感悟

我认为这是一次有意义的尝试。自己制作没有家人的协助是挺困难的，但也让我体验了一次家人替我们缝补衣服的不易，可能熟练后不觉得难，但谁都是从零开始的。

他人也许会觉得我做得十分糟糕，但我还是很有成就感的。操作过程中可能会因为长时间没进展而烦躁，但我这个还只是"小制作"，专做手工制品的人们得有多大的耐心啊！想到这里我就会稍微平静一些。而染色虽然十分艰难，但过程很有趣。总之，这是一个锻炼的机会，我很满意我的成果，相信下次可以做得更好！

## 文章五："艾"里有爱

夏湾中学2018级6班　刘晶莹

2020年是不平凡的一年。作为一名中国人，作为这个世界的一分子，我们应传承中华传统文化，弘扬中华传统美德，制造一份属于自己的富有中国特色的美食良方。现代医学药理证明，艾草是一种抗菌抗病毒的药物，其对病菌有着抑制和杀伤的作用，而且对呼吸系统疾病也有防治的作用。因此我和家人选择了做艾饼，这是为了我们的健康，是我们对家人的关切之爱；也是为了表达对国家的感激，对最美逆行者们表达感谢，并为自己增强免疫力，不给国家添麻烦的答谢之爱。

故我取名"艾"里有爱，其此之谓也。

## 一、制作团队

刘晶莹和家人。

## 二、制作过程说明

1. 我负责把艾草（叶）洗干净，然后榨成汁，洗刷干净接下来拿来放艾饼的叶子，奶奶说第一步要把叶子先泡好，然后拿刷子刷一遍叶面，目的是把脏东西给刷掉以及把叶子原本的味道去掉；往榨好的艾叶汁里倒入糯米粉。

2. 爷爷和奶奶负责把肉馅准备好。

用材：花生、芝麻、红糖。

方法：将食材搅拌混合在一起。（PS：大家忙得不亦乐乎，沉浸在美食世界当中无法自拔，都忘了拍照这件事了，实物可是更为诱惑的哦！）

3. 哥哥力气大，所以他负责把糊状的艾草和面粉分别搅拌，按，压，揉成面团。

4. 然后就开始制作啦！从面团中捏出一个圆团，按一下圆团中间，手摆成八字形，小心快速且用力需均匀地按成碗状。紧接着把馅料塞进去然后封口。紧接着，压模做花，然后一个扁扁的艾叶饼就做好啦！艾草面团用完了，可还剩下馅料没包完，我们就做了潮汕红桃粿。

5. 拿出洗好的叶子，在上面刷上一层油（为了待会蒸好的艾饼方便食用不黏在一起）然后把饼放在叶子上面拿去蒸。蒸完即可食用。

## 三、遇到的问题及解决方法

1. 我遇到的问题：刷叶子的时候，叶子看起来十分干净、没有杂物，可还是要刷，有一点点不耐烦。

**解决方法**：奶奶告诉我说要耐心，为了使吃下去的东西健康。

2. 哥哥遇到的问题：面糊总弄不成团。

**解决方法**：加多些面粉+更加大力地揉。

3. 小孩子们遇到的问题：做"碗"时，用力总是不均匀，使皮皱巴巴的还容易破。

**解决方法：**爷爷说我们的手应该要有弧度，捏的时候应该一层一层地捏，由上往下，用力一定要均匀，不可着急但也不能太慢，不然就成一块平"碗"了，不好封口。

## 四、学生感悟

在这个特殊的时间段，和家人一起做艾饼，让我感受到艾香下满满的浓烈的亲情，让我为共克时艰贡献出自己微不足道的一份力，让我的童年又多了一个宝贵的美好的回忆。我想我长大后，也绝不会忘记这独特的味道，这不仅寄托着我们一家健康美好伴我们一生的强烈真诚的愿望，还寄托着希望这段阴霾的日子早日过去的美好心愿。

## 五、家长评价

刚听说孩子们要上网课时，相信小部分家长像我一样感到束手无策吧！好在夏湾中学组织了这么有意义的活动，让孩子们学会了制作艾饼的步骤；让孩子体验到热爱生活的乐趣，热爱劳动的价值，培养了他们对各种各样的东西的好奇心与兴趣。孩子对中华传统文化——艾文化探究的成果让我们感动、欣慰，为孩子由衷地感到开心快乐。这次活动也使得家里热闹起来！意义非凡！我们宅家一起度过了一段美好家庭时光，也很好地锻炼了孩子的动手能力。愿孩子们继续以德智体美劳全面发展为目标，传承中华民族良好品德，学会感恩、奉献，并向阳成长！谢谢孩子们，谢谢用心良苦的老师们及夏湾中学。全国各地，大江南北，齐心协力，共克时艰。只愿世界清风徐来，春暖花开，否极泰来。

## 文章六：艾草马蹄糕

夏湾中学2018级4班　罗淇馨

马蹄糕是广州、福州、南宁的传统甜点小吃。相传源于唐代，以糖水拌和荸荸粉或者地瓜粉蒸制而成。荸荠，粤语和闽语别称马蹄，故而得名。其色茶黄，呈半透明，可折而不裂，撅而不断，软、滑、爽、韧兼备，味极香甜。马蹄糕口感甜蜜，入口即化，其口感使马蹄糕在粤菜中十分突出。今天我将为大家介绍艾草马蹄糕的做法。

## 一、制作团队

罗淇馨。

## 二、准备材料

艾草、马蹄粉、白糖、椰浆、水、塑料杯。

## 三、制作方法

注意：马蹄糕分为绿色部分和白色部分。

### （一）绿色部分

1. 艾草焯水，过冷水。

2. 把艾草捣碎，挤出艾草汁，过滤碎渣。

3. 半杯马蹄粉加艾草汁混合。

4. 把艾草汁分两份。（四分之一和四分之三）

5. 起锅烧水（一杯水），加入混合好的四分之一艾草汁，再加入半杯白糖。

6. 熬到黏稠后，倒到四分之三的艾草汁里，搅拌均匀。

### （二）白色部分

7. 一杯水加半杯马蹄粉混合均匀，做成马蹄浆，同样分成两份。（四分之一和四分之三）

8. 再次起锅烧水，加白糖，融化，加一杯椰浆，搅拌均匀，再放四分之一的马蹄浆，小火熬到黏稠。

9. 倒入剩下的四分之三的马蹄浆，搅拌均匀。

10. 蒸锅放水，放一个深一点的盘子，第一层放白色部分。

11. 一共4层，每层蒸3分钟，最后一层蒸5分钟。

12.出锅放凉后就可以吃啦。

## 四、遇到的困难及解决方法

**（一）遇到的困难**

1.买不到艾草。

2.用量控制不好。

3.没有搅拌机。

**（二）解决方法**

1.采摘。

2.统一用塑料杯上的刻度线。

3.艾草煮烂了捣出汁。

## 五、学生感悟

这一次的活动，让我又学会了做一种甜品。一开始会因为食材不齐全而想放弃，但通过想办法，食材从没有，变成了有。这让我明白了"办法总比困难多"。自己做美食，既可以享受制作过程中的乐趣，又可以享受到享用美食的快乐，让我明白了"自己动手丰衣足食"！

## 六、家长评价

淇馨是一个具有创新精神、不惧困难、敢说敢做的孩子，认为没有办不到的事。做美食也是一样，敢于尝试，一次失败再来一次！这个甜品是她第一次做，收集材料、购买食材、网上收集教程、操作、拍照，全程一个人做完。虽然产品因为水放的比例不合适，有点稀，但一点不影响我们享用美食，马蹄糕味道很好！感谢孩子每一次的实践、每一次的尝试。你很棒！

# 文章七：我为妈妈做香囊

夏湾中学2018级6班  牛知恩

香囊也称为香包，是用彩色丝线在彩绸上绣制出各种图案纹饰缝制而成的。香囊通常是被缝制成形状各异、大小不等的绣囊，里面包着多种浓烈芳香气味的中草药研碎的细末，佩戴在身上可以预防蚊虫叮咬。在我上小学的时候，妈妈就做过几个香囊给我。记得那时是夏天，蚊虫特别多，妈妈做的香囊真的可以驱蚊虫。今天我想做一个香囊送给妈妈，感谢她每天辛苦地照料我和爸爸。

## 一、制作团队

牛知恩。

## 二、制作过程

1. 首先，找一块布（长方形的或正方形的）和制作工具等材料。（像我要用的艾绒、剪刀、针和白线）然后，设计好想做的形状。（可以是小鱼、白云等，我设计的是最普通的长方形。）

2. 把布的两边用针缝上（注意要缝紧，不然装上艾绒后会散掉的。缝的时候要小心，不要扎到手，不要缝斜了。）

3. 往布袋里放干艾草（我放的是艾绒，还可以往里面放其他的，像艾草、中药之类的。）

4. 最后，把布袋的顶端缝上。（千万要注意，必须要缝紧。）就这样，一个香囊就做好了。（还可以在上面加一些装饰品哦。）

## 三、遇到的问题及解决方法

具体问题：缝的时候，缝着缝着就缝斜了。

**解决方法**：在缝之前用铅笔和尺子画好一条直线。缝的时候，沿着这条直线缝。

## 四、学生感悟

做香囊，看似简单，但实际很麻烦。特别是在缝香囊的时候，注意力要集中，否则很容易缝斜。而且在缝的时候，特别容易扎到手。好佩服那些做衣服的阿姨，她们可以把衣服缝得又快又好，而且花样繁多，这可比做香囊复杂多了。

我还知道了一些有关艾草的知识：艾草是多年生草本或略成半灌木状植物，植株有浓烈香气，具有抗菌及抗病毒作用，可以应用于医疗药物中。

## 五、家长评价

今天女儿说要做一个艾叶香囊，问我有什么材料，刚好家里有艾绒，就找出来交给她了。没想到过了一会女儿就拿出来了一个做好的香囊送给我，让我非常惊奇和高兴。尽管这个香囊不是很完美，但是女儿亲手做的，我非常感动。

## 文章八：五彩的寓意 舌尖上的美食

### ——我与家人一起制作"五彩糯米饭"

夏湾中学2018级6班 黄浩杰

五彩糯米饭，俗称五色饭，又称乌饭、青粳饭或花米饭，因糯米饭一般呈黑、红、黄、紫、白五种颜色而得名，是布依族、壮族用来招待客人的传统食品。

每逢清明节、农历三月三、四月八、牛王节、端午节等民间传统节日，壮族人家家户户都喜欢做五彩糯米饭吃，以作赶歌圩食用，或祭祖祭神之用。

据我外婆说，五彩糯米饭是我的家乡——广西当地的一种特色食物，而艾叶就是其必不可少的食材。五种色彩代表着不同的蕴意，黑颜色是用来感恩父亲的，黄颜色是用来感恩母亲的，紫红的颜色是用来感恩亲人的。随着人们情感的加深，三种颜色变成了五种，寓意每个人应该孝敬父母和感恩亲人，当然这也是平安丰收和吉祥如意的象征。

　　五色糯米饭之所以诱人是因为它五彩缤纷，鲜艳诱人。色彩来自食材当然对人体有益无害，它们是用艾叶、枫叶、红蓝草、砂姜等植物染汁制成，各有清香，别有风味，而且红蓝草有生血作用，清代《侣山堂类辩》曰："红花色赤多汁，生血行血之品。"五色糯米饭有清热凉血等作用，李时珍在《本草纲目》里说枫叶"止泄益睡，强筋益气力，久服轻身长年"。艾叶能暖气血而温经脉，逐寒湿而止冷痛，具有温通阳气、止血调经的功效。利用艾叶煲出来的汁水去给软糯的糯米染色，淡淡之中有几分苦涩，可是强身健体啊。

## 一、制作团队

黄浩杰、妈妈、外婆。

## 二、操作过程

第一步：准备材料：艾叶、紫蕃藤、黄花、枫叶、红蓝。

第二步：将全部材料分别泡进水里小火煮开，等待15分钟之后过滤掉残渣。

第三步：将糯米煮到软糯后放进事先煮好的汁水里染色。

第四步：待到染色差不多捞出晾干，香甜的五彩糯米就做好啦。

## 三、遇到的问题及解决方法

　　遇到的问题：米饭做出来不软糯香甜，糯米色泽不光鲜亮丽，吃起来口感不好，没有味道。

　　解决方法：其实做五彩糯米每一步都很讲究，首先选材很重要，其次烘烤，最后是染色。每一步都需要制作的人认真地去对待，那么为什么米饭不软糯香甜呢？外婆说做五彩糯米除了必须要保证糯米的质量之外还要用竹筒去煮，这样做出来的糯米不仅口感香甜还夹杂着淡淡的竹子的清香。但火候也要注意，过大的话会让糯米粘牙，过小又会让糯米不粘糯。只有掌控好火候才能使糯米香甜可口。吸完汁水后糯米粒个个饱满剔透，显得十分鲜艳。

## 四、我的感悟

做五彩糯米饭，对我这种新手来说可以说是非常不简单。无论是程序还是火候的控制都无时无刻不考验着我。重复再重复的步骤，需要十分的稳重，煲汁的火候，糯米的软糯程度都会决定着五彩糯米的香甜以及口感。正是因为长辈们的尝试与创新并一代代传承下来才有现在美味可口的五彩糯米。五彩糯米可以说是不仅是手工活也是技术活，我不得不对传承五彩糯米做法的长辈们感到由衷的敬佩。

## 五、家长评价

是因为老一辈人延续传承的经验，五彩糯米饭才如此的香甜可口，深受广西人民喜爱，在制作的过程中虽然遇到了很多的困难，但是与孩子一同解决也是十分开心的，看到孩子自己参与完成后吃着香甜的糯米饭，一家人都倍感温馨，感谢学校的这次活动，也让我和孩子的感情更加亲近了。

近三年，夏湾中学做了很多主题研学活动，从历史科组、生物科组、地理科组再到德育处，跨学科、跨部门，细水长流，给师生带来丰富的精神体验、生活体验和技能习得。同时，在实施主题研学活动的过程中，我们也在做主题研学课程的校本实践的教育反思：主题研学不是简单地让学生带着"学习任务单"，走进大自然、社会中"寻求答案"，其最深层次的思考，是让学生开展、实践"深度学习"。

苏霍姆林斯基说："学习如果具有思想、感情、创造、美和游戏的鲜艳色彩，那它就能成为孩子深感兴趣和富有吸引力的事情。"研学作为区别于传统教学的室外教学活动，对学生具有极大的吸引力。因为他们向往大自然、社会，向往探索世界、感受生命。在研学旅程中，学生真正成为学习的主体，主动、积极地开展"自己的学习活动"。这些活动触及学生的心理，与学生的理性、情感、价值观产生密切联系，促进了良好学习效果的发生。研学作为实践教育模式，要求学生从体验中学习，从探究中学习，还原了学习的本质面貌，是一种自然、基本、主动的学习方式，是培养学生核心素养、实现深度学习的方式之一。

　　深度学习、项目式学习，正是主题研学活动的教育精髓，我们需要坚持，再坚持，尤其是在新的教育形势下，需要更多智慧的思考，并付诸实践。

# 家长段位制的
# 传统文化教育

习近平主席在党的十九大报告中提出："要坚定文化自信，推动社会主义文化繁荣兴盛……没有高度的文化自信，没有文化的繁荣兴盛，就没有中华民族伟大复兴……要深入挖掘中华优秀传统文化蕴含的思想观念、人文精神、道德规范，结合时代要求继承创新，让中华文化展现出永久魅力和时代风采。"

中国传统文化是中华民族智慧的结晶，是民族团结与进步的动力源泉，是国家赖以生存和发展的精神依托。而中国传统节日文化作为传统文化中重要的组成部分，具有极高的实用性。但因为传统节日与人们的生活靠得太近，往往很难受到人们的重视。

此外，随着全球化的进程的不断加快，世界范围的思想文化开始不断冲击我国传统文化，外来节日越来越多地与中国传统节日产生碰撞，年轻人对于过"洋节"的热衷远远超过了对中国传统节日的热忱。传统节日中的一些习俗更是被人们遗忘，中国传统节日被日益淡化已经成为不争的事实。在这样的时代背景下，如何继承和弘扬传统节日文化，成了当今社会不可逃避的问题。

而学校是培育和践行未成年人社会主义核心价值观的重要场所。在学校德育过程中，以培养担当民族复兴大任的时代新人为着眼点，以传统节日文化的传承为抓手，弘扬中国优秀传统文化，将社会主义核心价值观融入学校教育教学的方方面面并转化为未成年人的情感认同和行为习惯，就显得尤为重要。

# 第一节　夏湾中学传承中华文化教育体系

在夏湾中学的教育日常中，传统节日就是区别于外来节日的节日，如春节、元宵节、清明节、端午节、中秋节、重阳节等。而传统文化传承是指有目的、有计划、有组织地实施传统节日课程、丰富传统节日精神内涵，对初中生施加影响，期望他们继承优秀传统文化精神的过程。

国内有关中国传统节日介绍的书籍非常多，简单搜索就会发现国人对传统节日的认知需求是极大的。儿童读物及翻译文本占据了很高的比例，其中有一部分是对传统节日进行介绍和整理的。例如，韩养民、郭兴文的《中国古代节日风俗》中，从民俗学角度介绍和分析了重阳、中秋、除夕为代表的重要的传统节日的产生、形成与发展的全过程；赵东玉的《中华传统节庆文化研究》一书中，着重对节庆文化史进行解析，历史学与民俗学交叉互渗地论证了节庆文化的时代意义、民俗的文化功能等。另一部分是从中西方差异角度进行中国传统节日介绍。李莉在《节日盛宴——中西传统节庆文化赏析》一书中以中西方的主要传统节日为例介绍了中西传统节日的起源，并对其庆祝形式、民俗风情以及节庆的语言及表达形式都进行了说明，书中认为传统节日文化是传统文化的集中表现形式，学习传统节日文化知识，不仅可以了解到节日的发展渊源，相关习俗，而且还能反映出一定的哲学观念。《文化的普适与包容——中西传统节日的文化差异与社会认同》是张承平、万伟珊二人共同完成的文献，其中就传统节日在产生、传统节日的活动形式、风俗习惯以及其蕴含的文化内涵、社会功能都进行了较高水准的分析。

而国外的研究主要有：张长植先生在《韩国国家节庆假日与传统岁时风俗之变化》一文中揭示了按照公历来实施节假日直接导致了节日风俗被淡化、单一化的后果，具体表现为目前一提到传统节日人们最直观想到的就是春节和中秋节，而其他传统节日逐步地被人们所淡忘，进而走向消亡。并且文中还提及假日制定方式也应该有所改变，这种改变应该是国家单方决定转为多种方式和途径来确立，同时地方政府可以将本地区的独具风格的民族节日定成为地区性的节假日。《戏剧的节日特征》和《美的现实性——作为游戏、象征、节日的艺术》是德国学者伽达默尔的作品，其中关于节日的论述虽然并非是从民俗角度开展的，但从美学角度对节日进行分析也别具一格，其中谈道：节日通过人们对它的庆祝使得时间延缓或暂停，人们日常生活中的巨大压力中有了放松一下的可能。国外相关方面的研究虽然没有直接切合本文的研究方向，但一些具体做法同样具有一定的参考价值。从某种意义上来说，国外的研究的多样性，再一次表明传统节日文化研究的必要性。

从目前的研究动态不难看出，已有的关于传统节日文化的书籍很多，然而目前的研究往往各有侧重，各执一端，且大多数都是从民俗学角度，对传统节日进行简单的罗列和介绍，从传统节日与德育关系着手研究的书籍非常少，而从传统节日文化的德育价值层面进行论述的更是罕见。

研究中国传统节日文化的德育价值对于传统文化的传承和保护、当代德育的发展和创新都有着重大意义。整理分析中国传统节日文化的特征，挖掘其内在的文化内涵，不仅有利于对中国传统节日文化全面系统地把握，更有利于让初中生充分了解传统节日文化内涵，更好地传承传统节日文化的精髓，对弘扬传统文化有着积极的促进作用。同时，夏湾中学的节日传统文化教育也为传统节日文化与德育之间找到了契合点，明确了中国传统节日文化的德育价值，力求为传统节日文化的传承探索出新途径。

夏湾中学一直在实践中结合重大节日开展学生的主题教育日活动。例如，春节开展"我的春节团年饭我做主""理财金点子——利是钱的合理使用"等活动；清明节开展"祭奠革命先烈"活动；重阳节开展"我的孝亲敬长行动"和"亲情访谈"等活动。

我们将以传承传统节日文化为抓手，弘扬中国优秀传统文化，将社会主义核心价值观融入学校德育的方方面面，转化为初中生的情感认同和行为习惯。

我们的研究重点：传统节日里文化传承的具体内容。其中包括"感恩"与"孝道"教育，生命教育，和谐人际关系教育，勤俭节约教育，爱国、爱校、爱家教育，社会主义核心价值观念教育等。研究的难点：学校德育中传统节日文化传承的内涵具体化，也就是如何将具体的优秀传统文化教育内容转化为学生的行为举止、良好习惯与思维方式的问题。

夏湾中学行政管理团队，有责任亦有能力打造优秀的节日文化，让节日文化长久发挥德育的教育力量。节日活动作为校园文化的一部分，一方面，在节日的当日组织活动，能将学生从繁重的学业中稍微解脱出来，是一种很有必要的放松和生活调剂。另一方面，平日里师生之间更多是教与学的关系，而节日活动期间，展示个性、才华、创意，让彼此看到不同的一面，极大拉近师生的关系，而这种关系，也必然促进了教学相长。节日文化除了是增强学校凝聚力、提升文化氛围的有力抓手，更重要的是家校互动的契机。

节日是有周期性的。当一年中重要的传统节日被纳入学校课程体系，被精心设计，使其充满仪式感，被社会实践化，家长、学生、教师齐参与，学校德育才能真正做到"立德树人"，践行社会主义核心价值观。我们也相信，以传统节日优秀文化传承为抓手，使之系列化、课程化、社会实践化，能促使学校德育方式改良，培养学生的中华优秀传统文化自信。

# 第二节　传统节日的教育设计

中华民族有丰富的传统节日和传统文化。丰富的传统文化通过传统节日的承载得以保存和流传，这是一份珍贵的历史记忆和文化财富。可以说，传统节日已经不仅仅是一个节日，更是一个追忆先贤、提高民族文化自信、激发民族精神的重要形式和契机。对教育来说，尤其如此。

而通过传统节日对学生开展传统文化教育和家庭教育，可以让学生了解历史、珍惜当下的极佳学习机会。

夏湾中学传统文化教育注重节日内核的升华，让学生从感性认识升华为理性认识，让文化生根发芽。比如在端午节，我们的教育设计，无论是讲故事说风俗，还是深入讨论历史人物的爱国情操，都抓住了端午这一节日的内核和其中的文化精髓。到端午节这一天，我们在饭堂推出平时不太容易见到的食品：粽子。粽子的香气弥漫校园，一种浓浓的节日氛围随之弥漫开来。只不过是一份小小的食品，为什么就能让人感受到节日的气氛？这是因为这份食品背后所代表的传统文化，已经深入到夏湾中学教育的文化基因里，见到它，那种文化基因就活跃起来，激发起我们内在的人文情感。

如何利用节日进行传统文化教育？如何进行传统文化教育设计？家校如何

进行分工合作？教育的目标是什么？夏湾中学教育者在传统节日教育中，积极寻求答案，积极进行教育设计。再以端午节为例，端午节是最能体现中华民族传统文化内核的传统节日之一，无论其起源如何，这一节日历经千，蕴含了包括爱国在内的丰富的传统文化内容，不可能通过一次教育设计就一股脑地塞给学生，而是要通过适当的形式，将适合的内容融入合适的教育设计。夏湾中学师生的端午传统文化教育设计，最大的亮点，是学校教育与家庭教育同时进行，让孩子成为节日的主体。在端午节的活动设计中，很多班级自发与家委会一起，买竹叶、买糯米，在班级进行现场粽子制作。学生高高兴兴地参与其中，同时也好奇地询问为什么要做这些。让学生产生好奇心，正是教育环节的关键设计，此时，班主任老师不失时机地向学生讲述节日的来源，讲述这一节日中的历史人物和他们的主要事迹，甚至邀请部分家长上讲台，让他们讲讲家里多年来过这一节日的趣谈轶事，学生都非常用心地体会。一年两年，一次两次，传统节日就渐渐成了学生的"乡愁"。

利用传统节日开展弘扬传统文化的工作，从教育设计实践层面来说，并没有太大的困难，真正的困难在于时刻保持教育设计的意识。相对而言，学校作为专业的教育职能部门，在传统节日的文化教育设计上更有持续性和专业性，而家庭教育设计意识则要淡薄很多，以至于家长不能很好地配合学校的相关教育设计。针对这一问题，学校教育设计应该注意对家庭教育的引导，在传统节日教育设计中，以家庭作业的形式引导家庭将过节与传统文化教育结合起来，实现学校教育与家庭教育在传统文化教育上的无缝对接。

而传统节日教育活动的系列化、传统节日教育活动的课程化、传统节日教育活动的社会实践化是我们着力要解决的难点。我们同时做了课题申报与文献研究工作，思考实际工作与感兴趣的研究领域，锁定课题研究方向，并进行相关资料的积累。同时，进行相关文献、文章、书籍的搜索、整理与研究。做好了前测调研与归因：调查现有学生对传统节日及其文化内涵的了解程度，进行归因，做好前测工作，完成传统节日系列化、课程化、社会实践化研究。除了端午节，春节的中国年系列也是我们夏湾中学节日教育设计的尝试。

# 第三节　2020"我的中国年"

**2020"我的中国年"**

——夏湾中学"传承中华文化"系列

写在前面

"爆竹声中一岁除，春风送暖入屠苏。千门万户曈曈日，总把新桃换旧符。"春节是中华民族最隆重的传统节日，俗称"年节"。春节的历史非常悠久，它起源于殷商时期年头岁尾的祭神祭祖活动。辛亥革命后，将公历1月1日称为"元旦"，将农历正月初一正式定名为"春节"。春节不仅是团圆的日子，更承载着中国几千年来的传统文化，体现着中华民族勤劳、质朴、友善的传统美德。

春节前的扫尘，体现着迎接新年的虔诚，房舍里的每一个角落，都会被主人打扫得干干净净，家具、厨具等生活用品必定擦拭得一尘不染，闲置的物品都被收拾整齐……洗尽纤尘，迎接新一年。如果说贴对联寄托着新年的希望，那么除夕夜的厨房，更有一番热闹的景象。

春节的记忆是家庭的记忆，也是美好家风的传承。虽然今年春节因疫情的影响，人们只能宅在家中，但并不影响勤劳的中国人对新年的期盼。夏湾中学开展的"我的中国年"活动，倡导孩子与家人一起，用劳动印记春节时刻，在家庭生活中传承传统文化，做到"知行合一"。

夏湾中学德育处

2020年1月10日

# 文章一：我的中国年

夏湾中学2020届3班　黄慧欣

## 一、我家的春联

1. 春联内容

上联：平安如意千年好

下联：人顺家和万事兴

2. 寓意

这看似朴实无华的对联不似那些含蓄隽永、清新脱俗的话语，却是最真切的希望，祈求家人们能平平安安，事业有成，家庭和睦，平凡又伟大。

3. 我所了解的春联知识

（1）具有广泛性，突出健康的审美观念和审美追求。讲究仄起平落，字数相对，词性相近。同样，不同的春联带给我们的感情色彩也不同。有的春联表达了自家对未来的美好追求和向往，有的则希望在新的一年事事顺心，吉祥如意。

（2）极具个性化。

（3）春联的张贴很讲究，要符合传统的规矩，春联要竖贴，上联要贴在右手边，下联要贴在左手边。

## 二、我的年货计划

年花装点着中国人对新年的期盼，节日的问候传递着亲朋好友间的亲情友谊，是人们增进感情的纽带。

表一

| 新年礼物 | 赠送对象 | 我想对您说……（可联系赠送的理由） |
|---|---|---|
| 笔记本 | 妈妈 | 希望您能在新的一年里，记录生活里美好的点点滴滴。希望您可以少操心一些，快乐一些 |
| CD唱片 | 好朋友 | 我知道你一直很喜欢欣赏各种类型的音乐，那是你在快节奏、高压力的生活下得以喘息的一片净土。愿跳动的音符与动感的旋律拼凑成一个属于你自己的万千世界 |

表二

| 我家的年花 | 寓意 |
|---|---|
| 蝴蝶兰 | 它不似梅花的清冷傲骨，也不似桃花的俏皮活泼。蝴蝶兰更像成熟知性的妩媚女子，在历经磨难后散发出属于它独有的芳香。蝴蝶兰寓意为幸福向你飞来。希望它在这个新年它不仅能带来幸福，更带走不顺 |
| 水仙百合（六出花） | 水仙百合活像一位涉世未深的少女，一颦一笑皆透露着羞涩。水仙百合寓意为喜悦，为谁喜悦？为中国的强大、人民生活的安定、新年喜庆的氛围而喜悦，更是期待与更美好的明天重逢 |
| 照片（我与我家的年花） | |

## 三、我的美居我做主

年廿八，洗邋遢，传统民俗中，在腊月二十六至二十八期间都是洗浴、扫除、收拾物品的日子。

（1）有条不紊，收拾书桌。

（2）收拾碗筷。

## 四、舌尖上的新春

"越是弥足珍贵的美味，外表看上去，往往越是平淡无奇，辛苦劳作给全身心带来的幸福，从来也是如此。"

"一粥一饭当思来之不易，一饮一啄饱蘸苦辣酸甜。"

——《舌尖上的中国》

春节美食：酸菜鱼。

菜品名称：鱼翔海底。

制作说明及寓意：

材料：广东酸菜、海鲈鱼或鲩鱼、料酒、盐、胡椒粉、姜蒜、干辣椒、花椒、小米辣。

（1）酸菜和姜、蒜切片。鱼去骨，鱼肉切薄片，用料酒、一点盐和胡椒粉腌一会儿。

（2）大火热油，爆香姜蒜，放入酸菜爆炒出香气，加开水煮几分钟。加几个小米辣。

（3）先放鱼头、尾和鱼骨，大火煮五六分钟，然后调中火，一片一片放入鱼肉，鱼肉变白即关火。

（4）盛盘。在菜上面放蒜末、花椒和干辣椒，另起锅烧热油，浇在蒜末、花椒和干辣椒上。

寓意：因为酸菜是咸的，所以整道菜，除了腌鱼时放一点点盐入味，再不用另调味了。清爽的酸菜配上肥美鲜腴的鲈鱼，撒上若干辣椒，浇下汤汁，一道美味出炉。这不仅仅是吃进心里的幸福，更是对生活年年有余的期望。

## 五、活动感悟及新年寄语

**我的感悟：**

不知不觉就过完了新年，我也从幼稚懵懂的小孩成长为可以独当一面的青少年了。我曾听过一个作家说："我其实挺开心自己又长大一岁了。因为这一年所看到听到的都会成为你自己阅历的沉淀。每长大一岁，对这个世界的看法也就越趋向于成熟。"我是一名初三毕业生，过完这个年说明我又离中考更近了一步，时间的流逝，更激励着我为了自己的目标全力以赴。

每年过年，我都会期待看烟花。烟花在升到天空瞬间迸发出点点星光，都说烟花易冷，在它结束自己生命的那一刻是一切的结束，也是开始——更多的烟花在绽放。但是我不愿意看到这转瞬即逝的美丽，机会是把握在自己手上的，我要牢牢抓住。莫要让机会像流水、沙砾一样流走。

今年没有烟花看，街上也是冷冷清清。疫情之下，远在海外的同胞们在等待着与亲人团聚的那一天；在医院中与死神抢人的白衣天使们等待着与家人相见的那一天；在家里的老百姓们希望能等到冰雪消融、春暖花开的那一天……我只希望疫情能早点过去，人们能恢复到以往的生活，医护人员平安归来。我等待着春暖花开，等待着"疫"过天晴！

这是在这个新年里最深的感悟。也许我的感悟还很稚嫩，但这的确是我的真情实感。我也希望在时间长河的洗礼下能找到一个更加成熟完整的自我。

**爸爸、妈妈（家长）的话：**

你有自己的目标与方向，妈妈很支持你！也许在这个时间段你会很迷茫，但别放弃，你要不断地找到属于你自己的学习方法。妈妈也在不停地学习中。人生就是一个学无止境的过程。妈妈也不希望你成为烟花，而是成为发光发热的太阳，照亮自己，也温暖他人。希望你为自己的梦想坚持不懈，努力奋斗前行。春节了，祝愿你在新的一年里成绩步步提高，被老师频频赞扬，热情常常高涨，灵气源源不断，心情天天舒畅，幸福得就像花儿一样。祝宝贝考上理想的高中。

# 文章二：我的中国年

夏湾中学2019级3班　曹雅涵

## 一、我家的春联

1.春联内容

上联：家业兴年年如意

下联：运气好事事顺心

2.寓意

希望每年都能好好的。

3.我所了解的春联知识

春联，又称"春贴""门对""对联""桃符"，是过年时所贴的红色喜庆元素"年红"中的一个种类。它以对仗工整、简洁精巧的文字描绘美好形象，抒发美好愿望，是中国特有的文学形式，贴年红是华人们过年的重要习俗。当人们在自己的家门口贴年红（春联、福字、窗花等）的时候，意味着过春节正式拉开序幕。

## 二、我的年货计划

年花装点着中国人对新年的期盼、节日的问候，传递着亲朋好友间的亲情友谊，是人们增进感情的纽带。

表一

| 新年礼物 | 赠送对象 | 我想对您说……（可联系赠送的理由） |
| --- | --- | --- |
| 羽毛球套装 | 父母 | 希望你们能够多锻炼，保持身体健康 |
| 介绍鲁迅的绘本 | 3岁小侄女 | 相信你一定会很聪明的 |
| 相册 | 好朋友 | 希望能珍藏我们的每一刻 |

表二

| 我家的年花 | 寓意 |
| --- | --- |
| 月季 | 美艳、光荣和幸福 |
| 富贵竹 | 阖家欢喜，竹报平安 |

## 三、我的美居我做主

年廿八，洗邋遢，传统民俗中，在腊月二十六至二十八期间都是洗浴、扫除、收拾物品的日子。

## 四、舌尖上的新春

"越是弥足珍贵的美味，外表看上去，往往越是平淡无奇，辛苦劳作给全身心带来的幸福，从来也是如此。"

"一粥一饭当思来之不易，一饮一啄饱蘸苦辣酸甜。"

——《舌尖上的中国》

春节美食：鸡汤。

菜品名称：鸡汤。

制作说明及寓意：把洗好的鸡放在锅里小火炖一小时放作料，然后喝鸡汤吃鸡肉，寓意着新年会吉利。

## 五、活动感悟及新年寄语

**我的感悟：**

时间飞逝，一年的努力奋斗是为了能够很好地和亲人见面，以后在前进的道路上也不能停留，要每天都有一点小进步！

**爸爸、妈妈（家长）的话：**

希望孩子能够在健康快乐中学习，也希望孩子在校能遵守学校的一切规章制度，能尊师爱友，虚心求进，能以优异的成绩回报老师，回报父母！

# 文章三：我的中国年

夏湾中学2020届11班 蓝嘉丽

## 一、我家的春联

1. 春联内容

上联：家业兴旺年年好

下联：财源广进步步高

2. 寓意

希望家业兴旺，财源广进，事业上一帆风顺，越来越好。

3. 我所了解的春联知识

春联其实也就是古代的桃符，它让我联想到王安石的这句诗：千门万户曈曈日，总把新桃换旧符。

## 二、我的年货计划

年花装点着中国人对新年的期盼，节日的问候传递着亲朋好友间的亲情友谊，是人们增进感情的纽带。

表一

| 新年礼物 | 赠送对象 | 我想对您说……（可联系赠送的理由） |
|---|---|---|
| 语数英寒假作业 | 弟弟 | 希望你能把握好机会，好好学，不要等到像我一样时，才发现学识的不足，才感慨"少壮不努力，老大徒伤悲" |
| 保温杯 | 爸爸 | 爸爸，您经常开车，在外工作不容易，早出晚归，上学的时候我们很少能见到面，见到的也是疲惫不堪的您，希望您能照顾好自己，累了喝上一口温热的枸杞菊花茶，养生 |

表二

| 我家的年花 |
|---|
| 虽然没有年花，但我们家有"年菜"，妈妈亲手种的！<br>妈妈说：种生菜，谐音"生财"，希望财源广进，还有"生猛"的意思，生生猛猛；种大蒜，家里人会算数，聪明，还能养生；种芹菜，寓意为"勤勤快快"，家里人靠劳动致富，辛勤劳作 |

## 三、我的美居我做主

年廿八，洗邋遢，传统民俗中，在腊月二十六至二十八期间都是洗浴、扫除、收拾物品的日子。

## 四、舌尖上的新春

"越是弥足珍贵的美味，外表看上去，往往越是平淡无奇，辛苦劳作给全身心带来的幸福，从来也是如此。"

"一粥一饭当思来之不易，一饮一啄饱蘸苦辣酸甜。"

——《舌尖上的中国》

春节美食：腊鱼、腊肉、鸡。

菜品名称：打边炉。

制作说明及寓意：多种食材混在一起，人们围着一桌，是团圆的意思吧！

菜品名称：白玉红豆汤。

制作说明及寓意：刚学的甜点，白白糯米团、甜甜红豆汤，希望新的一年红红火火！

## 五、活动感悟及新年寄语

**我的感悟：**

尽管今年春节因为一些原因不能外出，但是在家里也可以感受到浓浓的年味，围着桌子，一个锅炉，氤氲的雾气，热乎乎地温暖着家人。没有吵闹的街市，没有走亲戚的奔波，但依旧是个好年，愿2020年，鼠年快乐，好运亨通！

**爸爸、妈妈（家长）的话：**

2020年开始是有些不顺，但不经历风雨怎么见彩虹？加油奋斗吧，孩子！你即将迎来人生最重要的转折点，希望你能在成长路上不迷茫，脚踏实地，坚定不移，走向胜利！新年快乐！

# 文章四：我的中国年

夏湾中学2018级6班　　刘晶莹

## 一、我家的春联

1.春联内容

上联：一年好运随春到

下联：四季彩云滚滚来

横批：万事如意

2. 寓意

在新的一年里，大家都能身体健康，顺顺利利，心想事成，吉祥如意——好运会连绵不断向我们而来。

3. 我所了解的春联知识

春联表达了中国人民辟邪除灾，迎神纳福的美好愿望，起源于宋朝，真正盛行起来时是明朝。对联的普遍特点是喜庆祥和。传统贴春联的方法为，面对大门时，上联在右，下联在左，横额（也叫"横批"）文字顺序为从右至左。另一种是常用的贴法。中华人民共和国成立后由于横式书写格式改为由左向右，春联也可以上联在左，下联在右，横额顺序也是从左至右，符合人们的阅读习惯。

春联有几个特征：

（1）字数相等。对联由上下两联组成，上联称出句，下联称对句，上下两联的字数必须相等。

（2）词性相对。例如名词要对应名词，动词要对应动词。

（3）结构相应。例如主谓结构对主谓结构，动宾结构对动宾结构等。

（4）节奏相同。

（5）平仄相谐。平仄相谐的最基本特征是上联末字必仄，下联末字必平。

## 二、我的年货计划

年花装点着中国人对新年的期盼，节日的问候传递着亲朋好友间的亲情友谊，是人们增进感情的纽带。

表一

| 新年礼物 | 赠送对象 | 我想对您说……（可联系赠送的理由） |
|---|---|---|
| 橘子、苹果等水果 | 亲朋好友 | 橘子送吉祥，苹果送平安。祝您一家在新的一年平平安安，大吉大利，身体健康 |
| 糖果 | 亲朋好友 | 祝您一家生活得甜甜蜜蜜，开开心心，快乐如意 |
| 衣服、鞋子 | 爷爷奶奶 | 爷爷奶奶，您平时太节约了，穿旧的衣物也不舍得换。新年穿新衣，送您好心情 |

表二

| 我家的年花 | 寓意 |
|---|---|
| 蝴蝶兰 | 事事顺心，心想事成，幸福美满 |
| 仙客来 | 喜迎宾客，吉祥如意 |

### 三、我的美居我做主

年廿八，洗邋遢，传统民俗中，在腊月二十六至二十八期间都是洗浴、扫除、收拾物品的日子。

### 四、舌尖上的新春

"越是弥足珍贵的美味，外表看上去，往往越是平淡无奇，辛苦劳作给全身心带来的幸福，从来也是如此。"

"一粥一饭当思来之不易，一饮一啄饱蘸苦辣酸甜。"

——《舌尖上的中国》

吃鱼，象征着"年年有余""大吉大利"。草鱼、皖鱼属鲤鱼，鲤鱼有"鱼跃龙门"之说。

红桃粿在汕头人心目中具有特殊的饮食和文化地位。寿桃外形，寓意长寿、吉祥；粉红如樱花般的颜色，象征兴旺、喜庆，用此来祭拜神明祈求平安、幸福。这个菜一般在腊八节的时候做，用来祭拜神明。整道菜，和粉，擀皮，制形，蒸制，复杂的制作工序中的每一步必须要亲力亲为——这也体现了我们潮汕人勤劳朴实的特点，认真生活的态度。

吃"七样菜"（"七样菜茶"）是广东潮汕地区的传统民俗。在潮汕平原，正月初七吃七样菜的习俗由来已久：每逢这天，人们将七种蔬菜放在一起烹饪，取个好意头，谓之能明目，并且使自己财运亨通。

### 五、活动感悟及新年寄语

**我的感悟：**

中华传统文化博大精深，过新年时每事每物，如大扫除，贴春联，每一道菜，每一束年花等都有其独特的含义。在不同的地区又有不同的习俗，我们潮汕习俗更是出了名的丰富多趣。这次的活动不仅让我深层了解了春节习俗，还培养了我勤奋好学，多学多知的习惯。更值得高兴的是增进了与家人间的感情，与家人之间多了很多沟通，和爷爷奶奶相处的时间也比平时更长。今年没有回老家过年，更让我知道不同地方习俗不同，年味儿也有差别：珠海的春节仅仅只是街道挂几个大灯笼，但在我的老家，那个汕头的小村庄过新年可是要响大喇叭的，放着"潮"味儿的新年歌直到夜晚方止，而年味儿却绝对不会在夜晚按下暂停键，因为还有多种多样的活动。往年在河边可以放烟花，市场和家里可以摇葫芦，市场还自动出现了一条宵夜街，有各种各样的美食，充满各种美好的回忆。可惜今年因为疫情不能回老家。但我们的年也未因疫情而失去五彩缤纷的颜色。我祝大家在新的一年顺顺利利，万事如意！一家和和睦睦，一年开开心心；天天精神百倍，月月喜气洋洋；年年财源广进，岁岁平安祥和！

**爸爸、妈妈（家长）的话：**

女儿真棒，节日里通过和长辈互动做家务，做应节的传统食品，认识到我们潮汕的习俗，参与制作有浓郁潮汕特色的美食有拜年的红桃粿、油炸角、年糕等。孩子参与家族的祖先拜祭活动，学会拜祭的礼仪规矩；学会尊重祖辈们的艰辛，知道家族的由来；从一个家庭的开始，认识到一个家族的发展，再到社会的发展，乃至中华民族的发展——这一活动使得孩子对中华民族的传统文化特别是潮汕文化的传承有了新的认识。


# 文章五：我的中国年

夏湾中学2020届6班　梁绮敏


## 一、我家的春联

1.春联内容

上联：出入平安财源广

下联：家庭幸福喜乐多

横批：福星高照

2. 寓意

上联：祝福在新的一年家人们出入平安，祝福在新的一年工作顺利，财源广进。下联：祝福家庭幸福和睦，快乐相处，开开心心。

3. 我所了解的春联知识

据说贴春联习俗起于宋代，在明代开始盛行，到了清代，春联的思想性和艺术性都有了很大的提高。现在贴春联已成风俗，红色的对联贴在大门上，房舍顿时生辉。正如诗云："喜气临门红色妍，家家户户贴春联；旧年辞别迎新岁，时序车轮总向前。"

## 二、我的年货计划

年花代表着中国人对新年的期盼，节日的问候传递着亲朋好友间的亲情友谊，是人们增进感情的纽带。

表一

| 新年礼物 | 赠送对象 | 我想对您说……（可联系赠送的理由） |
| --- | --- | --- |
| 红包 | 堂弟、妹 | 在新的一年要更加努力学习 |
| 贺卡 | 父母 | 祝福您年年开心快乐，越来越年轻 |
| 糖果 | 爷爷奶奶 | 祝福您甜甜蜜蜜，健健康康 |

表二

| 我家的年花 | 寓意 |
| --- | --- |
| 菊花 | 象征正直不屈。菊花又被称为"黄花"，黄色自古便被看作中色、正色。菊花凌霜而开，傲岸不屈，象征着中华民族的正直不屈，也象征着吉祥高雅等 |
| 富贵竹 | 富贵竹代表着富贵吉祥，民间有花开富贵，竹报平安的说法 |

### 三、我的美居我做主

年廿八，洗邋遢，传统民俗中，在腊月二十六至二十八期间都是洗浴、扫除、收拾物品的日子。

### 四、舌尖上的新春

"越是弥足珍贵的美味，外表看上去，往往越是平淡无奇，辛苦劳作给全身心带来的幸福，从来也是如此。"

"一粥一饭当思来之不易，一饮一啄饱蘸苦辣酸甜。"

——《舌尖上的中国》

"酱油鸡"是一道色香味俱全的传统名菜，属于粤菜系。在广东，有"无鸡不成宴"的说法，而"酱油鸡"算得上是一道特色家常菜，以米鸡为主料，酱油和料酒，还有糖为调味料，操作简单。

"生菜"，谐音"生财"。吃生菜，则寓意着一年顺利，人财两旺。

### 五、活动感悟及新年寄语

**我的感悟：**

在过去的一年里，我经历了许多，有开心的，有不开心的；失败过，悲哀过，但我们正是从这一次次的失败挫折中不断地发现自身的问题。人生就是这样，我们在一次次的挫折中成长。这一年里，我学会了许多，懂得了许多。而新的一年预示着新的开始，每个人也有着新的期望和目标，在新的一年里，我要比过去一年更加努力，更加有收获！过了春节，就是一个崭新的开始了，自己的愿望能够实现，是要靠自己的努力的！希望我的家庭能和睦幸福！我也要不断进步，达到自己制定的目标和要求，明年就初三了，我也要祝愿自己在新的一年能有出色的成绩，为我中考奠定坚实的基础！加油！

**爸爸、妈妈（家长）的话：**

孩子在过去的一年里，有进步也有退步，有时也让我们不满。在她的一次次退步中我们不断叮嘱她、鼓励她，在她进步时我们也会给予奖励。我们很希望她能在失败中发现原因，也希望她在成功时不要忘记自我。在新的一年里，我们希望她能够保持自己的优点，纠正缺点，做一个全新的自己。我们祝福我们的女儿在新的一年里健健康康，学业有成！女儿，加油！

# 文章六：我的中国年

夏湾中学2018级6班　柯汀林

## 一、我家的春联

1. 春联内容

上联：年年顺景财广进

下联：岁岁平安福常临

横批：福星高照

2. 寓意

希望新的一年事事顺意，财源广进，平平安安，福气常在！

3. 我所了解的春联知识

按照各地习俗的不同，贴春联的时间也稍有差异。俗话说："二十八，贴花花。"也有些地方的民谣里有"二十九，贴倒酉（意即贴春联）"一说，春联都在腊月二十八、二十九贴，但大多数还是按个人的时间安排来选择贴的时间。

春联的上联贴哪边，要看横批的书写方式，如果横批是从右向左书写，上联就应该贴在右边，反之上联则贴在左边。另外，春联除了对仗等要求外，一般应上仄下平，就是上联结尾字的音调应该落上声和去声，下联结尾字的音调应该落在平声。

## 二、我的年货计划

年花装点着中国人对新年的期盼，节日的问候传递着亲朋好友间的亲情友谊，是人们增进感情的纽带。

表一

| 新年礼物 | 赠送对象 | 我想对您说……（可联系赠送的理由） |
|---|---|---|
| 电子控温足浴盆 | 外公 | 俗话说：寒从脚底起。希望外公每天晚上睡觉前泡泡脚，驱走身上的寒气，身体健健康康，长命百岁 |
| 加绒保暖内衣 | 外婆 | 希望爱美的外婆穿上加绒保暖内衣，既有风度又有温度 |
| 华为P30 Pro手机 | 妈妈 | 希望经常在手机上办公的您用个大屏幕手机，这样眼睛会舒服一些 |

表二

| 我家的年花 | 寓意 |
|---|---|
| 发财树 | 象征着财源滚滚、身体健康、长命百岁 |
| 蝴蝶兰 | 红色蝴蝶兰有仕途顺畅、幸福美满的寓意 |

## 三、我的美居我做主

年廿八，洗邋遢，传统民俗中，在腊月二十六至二十八期间都是洗浴、扫除、收拾物品的日子。

## 四、舌尖上的新春

"越是弥足珍贵的美味，外表看上去，往往越是平淡无奇，辛苦劳作给全身心带来的幸福，从来也是如此。"

"一粥一饭当思来之不易，一饮一啄饱蘸苦辣酸甜。"

——《舌尖上的中国》

红红火火（木耳焖五花腩）。五花肉是年菜中不可或缺的一味，代表着丰衣足食。焖好后红彤彤的色泽彰显着大家对新一年的期盼：红红火火！美满富足！！

六六大顺（砂姜烧大虾）。煮熟的大虾外形圆满，象征着圆满顺畅、节节高，而且虾在广东话中的发音是"哈"，所以年夜饭吃虾，吃完笑哈哈，有阖家欢乐的好意头！

## 五、活动感悟及新年寄语

**我的感悟：**

时光飞逝，转眼间又一年过去了。回首过去，不知不觉中的成长让我感叹不已。记得小时候总觉得时间过得慢，总希望新年来得快一些，童稚单纯的心里只有玩乐，只盼望自己快快长大。每一年的过去都是自己迈向"大人"世界的一步，尽管走得有些摇摆，却在一年年收着压岁钱的欢笑中，感受着时光流逝带来的快乐。以前的每一年看着大人们从年节前一直持续到年后的忙碌并没有非常深刻的体会，而今年，觉得自己已经是"大人"的我，主动要求并参与了春节事务的筹备，和家人一起大扫除、采购年花和年礼、贴春联、做年夜饭……这些让我深深感受到：每次过节，开心的是孩子，忙碌的是大人！也再次体会到了长辈除了工作外，还要分心操持各种琐碎家事的辛劳。我暗自下定决心，以后一定要多多参与各种家庭事务中来，留给长辈们更多的休息时间。

**爸爸、妈妈（家长）的话：**

这次寒假实践活动非常有意义。孩子主动参与到春节事务筹备中来，既让孩子分担了家里的负担，又让孩子体会到了准备节前事项的繁杂和辛苦；既锻炼了孩子的动手能力和解决问题的能力，又让她能够尊重和体谅长辈的辛劳。

# 文章七：我的中国年

夏湾中学2020届3班　管奕菲

## 一、我家的春联

1.春联内容

上联：幸福平安财源到

下联：吉祥如意福运来

2. 寓意

一家人能够平平安安，幸福美满财源滚滚。福气多多万事如意。

3. 我所了解的春联知识

春联也叫"门对""春贴""对联""对子"，它以工整、对偶、简洁、精巧的文字描绘时代背景，抒发美好愿望，是我国特有的文学形式。每逢春节，无论城市还是农村，家家户户都要精选一副大红春联贴于门上，为节日增加喜庆气氛。

## 二、我的年货计划

年花装点着中国人对新年的期盼，节日的问候传递着亲朋好友间的亲情友谊，是人们增进感情的纽带。

表一

| 新年礼物 | 赠送对象 | 我想对您说……（可联系赠送的理由） |
|---|---|---|
| 开心果 | 妈妈 | 希望妈妈每天开心，越来越漂亮 |
| 百事薯片 | 姐姐 | 祝姐姐永远可爱，没有烦恼 |
| 一条皮带 | 爸爸 | 爸爸上班辛苦了，新的一年，祝爸爸工作顺利，发大财 |

表二

| 我家的年花 | 寓意 |
|---|---|
| 黄菊花 | 高雅富贵，吉祥长寿 |
| 发财树 | 新的一年能够财源滚滚，招财进宝 |

## 三、我的美居我做主

年廿八，洗邋遢，传统民俗中，在腊月二十六至二十八期间都是洗浴、扫除、收拾物品的日子。

## 四、舌尖上的新春

"越是弥足珍贵的美味，外表看上去，往往越是平淡无奇，辛苦劳作给全身心带来的幸福，从来也是如此。"

"一粥一饭当思来之不易，一饮一啄饱蘸苦辣酸甜。"

——《舌尖上的中国》

春节美食：火锅。

制作说明及寓意：寓意团圆，家人在围在一起吃火锅，美味的汤头不止暖胃，还暖心。在除夕的夜晚，火锅更好吃，最重要的是和家人团团圆圆在一起过年。

春节美食：饺子。

制作说明及寓意：吃饺子取"更岁交子"之意"子"为"子时"，"交"为"饺"谐音，有喜庆团圆和吉祥如意的意思。人们常常将硬币、糖、花生、枣和栗子等包进馅里，吃到硬币或吃到糖的人，来年的日子更甜美，吃到花生的人将健康长寿，吃到枣和栗子的人将早生贵子。

## 五、活动感悟及新年寄语

**我的感悟：**

我觉得这次活动对于我来说是非常有意义的，也非常有趣。它让我在这次活动中获得了许多以前不知道的新年知识。通过这次活动我体会到了和家人共同大扫除的喜悦，虽然大扫除的过程比较辛苦，因为家里有太多的地方要打扫，但是有家人在旁边就会有不一样的感觉，很温馨。让我觉得特别幸福的是，一家人能够坐在一起吃年夜饭，团团圆圆。

2020年来了，力所能及的求实，心态的豁然，思维的变革，自省的自我，一颗学习的心才是应对多变社会的法宝。

集中自己的优势资源，让自己和家人吃好、喝好、睡好！家人和朋友，生活和学习，让快乐感染他们。把2020当成自己的元年吧！

一切会顺起来！一切会美起来！一切都是顺其自然……

**爸爸、妈妈（家长）的话：**

通过这次活动，让我们和孩子能够更好地去沟通，去了解对方。因为在平常工作之时，很少照顾到孩子的内心想法。通过一起做家务，一起去买年货，一起去看花市，一起计划这场活动怎么更完善，增进了我们和孩子之间的感情。也很谢谢这次活动能够给我们和孩子一起做事的机会。新的一年已来到，祝金鼠开泰，鼠蹄奋进！

# 文章八：我的中国年

夏湾中学2018级5班　　陈欣欣

## 一、我家的春联

1. 春联内容

上联：锦绣河山遍地画

下联：幸福生活满园诗

2. 寓意

学生前程似锦，全家幸福的生活丰富多彩。

3. 我所了解的春联知识

上下联的区分：一是按音调平仄分。春联比较讲究音调平仄，上联最后一个字为仄音（第三、四声），下联最后一个字应是平声（第一、二声）。二是按因果关系分。"因"为上联，"果"为下联。三是按时间先后分。时间在前为上联，时间在后为下联。四是按空间范围分。一般是小者在前，大者在后。

## 二、我的年货计划

年花装点着中国人对新年的期盼，节日的问候传递着亲朋好友间的亲情友谊，是人们增进感情的纽带。

表一

| 新年礼物 | 赠送对象 | 我想对您说……（可联系赠送的理由） |
|---|---|---|
| 兔子小玩具 | 妹妹 | 新的一年，身体健康，好好学习，天天向上，语文成绩得到提高 |

表二

| 我家的年花 | 寓意 |
|---|---|
| 勿忘我 | 勿忘我有着美好的寓意，它寓意着请记得想念我，不要忘记我对你真诚的爱。它也代表着幸福在等待着自己。将它送给不同的人，它代表的意义也会有所改变。将它放在家里，就寓意着家人之间不要忘记对彼此的真诚的爱吧 |

### 三、我的美居我做主

年廿八，洗邋遢，传统民俗中，在腊月二十六至二十八期间都是洗浴、扫除、收拾物品的日子。

### 四、舌尖上的新春

"越是弥足珍贵的美味，外表看上去，往往越是平淡无奇，辛苦劳作给全身心带来的幸福，从来也是如此。"

"一粥一饭当思来之不易，一饮一啄饱蘸苦辣酸甜。"

——《舌尖上的中国》

春节美食：

焖羊肉：在冬天，全家人一起吃羊肉，驱寒取暖。

角子：炸好后，给亲朋好友送一份，祝愿大家的生活就像角子馅一样甜蜜幸福。

### 五、活动感悟及新年寄语

**我的感悟：**

虽说今年疫情来势汹汹，很多关于春节的活动不能照常进行，就连家族团年饭都不能举行。但是，不得不承认，今年过了一个不一样的新年。全家人一起窝在家里，打扫卫生、吃饭、轮流洗碗、一起看电影和电视剧、互相调侃、关注疫情。我还和老爸一起写对联。全家人每天都在一起，不会像以前一样时不时家里缺个人。即便是最简单平凡的日子，依旧过得幸福快活。看着家人感情越来越好，这算是因祸得福了吧。如果说疫情的到来带来了灾难，但是也给了我们简单的生活，那么这些实践作业（有些因为疫情做得不是很好）就给这简单的生活增添了一笔靓丽色彩！

**爸爸、妈妈（家长）的话：**

观察不够仔细，思考不够全面，用词仍显苍白，立意也不够深远。但的确是在一天一天的进步中，努力吧。

# 文章九：我的中国年

夏湾中学2020届1班　林可欣

## 一、我家的春联

1. 春联内容

上联：四面贵人相照应

下联：八方财宝进门庭

2. 寓意

一个人有朋友相助，那么他的前途也必定似锦，祝愿家人在新的一年里人气旺、财运旺。

3. 我所了解的春联知识

春联属于楹联的一种，是一种独特的文学形式。它以工整、对偶、简洁、精巧的文字描绘时代背景，抒发美好愿望，是中国传统文化的瑰宝。每逢春节，无论城市还是农村，家家户户都要精选一副大红春联贴于门上，为春节增加喜庆气氛。

他们借助于春联表达对即将过去的一年的欢喜和幸福的心境，更表达对新的一年的期盼与厚望。一年之计在于春，在人们的传统观念里，一年中有个好的开端是最惬意、最吉利的事，所以，人们每到春节就通过贴春联来表达自己的美好感受和对未来的美好期盼。

## 二、我的年货计划

年花表达了中国人对新年的期盼，节日的问候传递着亲朋好友间的亲情友谊，是人们增进感情的纽带。

| 新年礼物 | 赠送对象 | 我想对您说……（可联系赠送的理由） |
| --- | --- | --- |
| 保温杯 | 爷爷奶奶 | 我送保温杯给你们，尽管无法代替我陪伴在你们身边，但我也希望这个保温杯能让你们感受到我的温暖，祝你们福如东海，寿比南山 |
| 小型按摩椅 | 爸爸妈妈 | 爸爸妈妈，每每看到你们在外工作了一天，回到家后十分疲劳，我就十分心疼，然而我自己也有功课，没法常常帮你们捶背捏肩，希望这个小型按摩椅，可以在你们工作后缓解你们的疲劳，最重要的还是要多注意自己的身体，不要过度劳累！祝你们身体健康，事业有成 |
| 钢笔 | 妹妹 | 妹妹，现在你也是小学高年级学生了，送你一支钢笔，希望你能亲手书写你人生的篇章，也希望你能更加努力学习。祝你身体健康，学业有成 |

## 三、我的美居我做主

年廿八，洗邋遢，传统民俗中，在腊月二十六至二十八期间都是洗浴、扫除、收拾物品的日子。

在新年到来之际，家家户户都会进行一次大扫除，扫去这一年积淀的尘埃，用崭新的一面迎接新年。在大扫除的过程中，我也体会到了劳动的乐趣！

## 四、舌尖上的新春

"越是弥足珍贵的美味，外表看上去，往往越是平淡无奇，辛苦劳作给全身心带来的幸福，从来也是如此。"

"一粥一饭当思来之不易，一饮一啄饱蘸苦辣酸甜。"

——《舌尖上的中国》

春节美食：包子。

菜品名称：林氏秘制肉包子。

制作说明及寓意：做包子最重要也是最关键的一步就是发面了，温水发酵、醒面、擀面等，每一个过程都要把握好。因为包子是圆形的，过年吃包子的寓意是团团圆圆，平平安安。

## 五、活动感悟及新年寄语

**我的感悟：**

我在活动中感受到了满满的"年味"，这才是新年该有的样子！和爸爸妈妈一起购买年货，自己动手制作美食，既拉近了亲子间的距离，也增加了动手能力，真是两全其美！这次的新年与以往不同，街上不再热热闹闹，少了些许新年的喜庆气氛，但只要一家人在一起，那也是个团团圆圆，十分圆满的年，在新的一年我希望一家人和和睦睦，开开心心，无灾无难，笑口常开！

**爸爸、妈妈（家长）的话：**

这个活动十分有意义，虽说疫情无情，让2020年的开端不甚美好，但女儿说的对，只要一家人在一起，团团圆圆的，这个年就有意义！女儿在春节期间非常勤快，帮父母做家务，参与准备团年饭，在劳动实践的过程中，我们看到她的积极认真，她自己也学到不少东西，长进不少。祝愿大家在新的一年里所有的美好都如期而至，女儿学业有成！

## 文章十：我的中国年

夏湾中学2019级7班　郭依辰

## 一、我家的春联

1.春联内容

上联：迎春迎喜迎富贵

下联：接财接福接平安

2. 寓意

新的一年，喜气洋洋，平安富贵，多财多福。

3. 我所了解的春联知识

春联，又叫"春贴""门对""对联"，它以对仗工整、简洁精巧的文字描绘美好形象，抒发美好愿望，是中国特有的文学形式。

## 二、我的年货计划

年花表达了中国人对新年的期盼，节日的问候传递着亲朋好友间的亲情友谊，是人们增进感情的纽带。

| 新年礼物 | 赠送对象 | 我想对您说……（可联系赠送的理由） |
| --- | --- | --- |
| 经典纯牛奶 | 外公 | 您喉咙不好，喝纯牛奶可以增强抵抗力 |
| 手账本 | 堂姐 | 你对手工一类的东西很感兴趣，也很喜欢写东西，所以送你一本手账本，既可以去记录生活，也可以用手工的方式去装饰它 |
| 手套 | 弟弟 | 你的手太小了在网上很难买到手套，所以我在年前就跑了几家店买到了。但还是大了一点，就留做新礼物，送给你吧 |

## 三、我的美居我做主

年廿八，洗邋遢，传统民俗中，在腊月二十六至二十八期间都是洗浴、扫除、收拾物品的日子。

## 四、舌尖上的新春

"越是弥足珍贵的美味，外表看上去，往往越是平淡无奇，辛苦劳作给全身心带来的幸福，从来也是如此。"

"一粥一饭当思来之不易，一饮一啄饱蘸苦辣酸甜。"

——《舌尖上的中国》

菜品名称：清蒸鲈鱼。

寓意：年年有余，用清蒸的方式来做鱼，表明了不管是现在还是将来都要脚踏实地，一步一步地来。

菜品名称：腊肠饭。

寓意：腊肠是我们过年是一定要吃的，因为是腌制的，所以就放到米饭中一起食用，也是象征着团圆。

## 五、活动感悟及新年寄语

**我的感悟：**

因为有了这次活动，才有了我第一次送礼物和做饭。第一次送礼物拉近了我和家人之间的关系，第一次自己独立做饭让我体会了做饭的不易，同时也有了自豪感。同样，学习也要和做饭一样一步一步地来，找到最合适的学习方法，这样不管怎样都不会后悔。

**爸爸、妈妈（家长）的话：**

本次寒假社会活动，充分体现了孩子的实践能力，他能做自己力所能及的事，独立性强，综合表现不错。希望在今后的学习生活中有更好的表现，再接再厉，更上一层楼。


当今过快的生活节奏、过度的商业包装，"快餐文化"侵占学生的心灵。很多学生，包括老师，静不下心，缺少时间，文化经典有时很难走入人心，无法全面深入发挥其"润物细无声"的美育功用。

我们都知道，呈现方式很大程度上决定着传播的效果。经典，以流行的、大众化的方式呈现中国传统文化经典的魅力，引发师生、家长的强烈反响，在一定程度上促使学生和家长们愿意对文化经典进行更多、更深入的了解，起到了陶冶情操的美育作用。我们期待通过我们的努力，作出"阳春白雪"的经典，其不仅能顶天立地，而且能铺天盖地，从而春风化雨、丰厚心灵，温润人心。

所以，除了开展"我的中国年"等传统节日教育，三月歌会、经典吟诵也是夏湾中学传承中华优秀传统文化的重要载体。我们以班级为单位，整合语文科组与德育处、音乐科组，以演绎中国古典诗词为主，带领学生读诗成曲，传唱经典。对于一线教育者来说，我们已经深深明白：让"经典永流传"，广泛传播和弘扬文化经典，是时代赋予我们的重任。

家长段位制、亲子课程、劳动教育等课程设计，让夏湾中学的家校融合为校园教育教学的质量保驾护航，是夏湾中学近三年第一次转型、第二次转型的基础与前提，并成为德育工作的亮点与品牌，在香洲区、珠海市推广。

我们每一个守护夏湾中学的教职员工、家长志愿者、社区支持者，都是夏湾中学美好教育教学生活的创造者、守护者。在实施家长段位制、亲子课程的教育过程中，我们向他们的致敬。

一批批夏湾中学的教育者凭着百折不挠的拼搏奋斗，做诸如家长段位制、亲子课程的教育教学等尝试、突围，从而汇聚起一点一滴改变夏湾中学的伟力，让我们这所曾经遭遇过低谷的校园，在短期内实现了"质的进步"。我们记取这样的奋斗，我们致敬这样的奉献。从现址拆除重建的新校园崛起，到"精细化管理与服务"的人文关怀，到2018—2020年连续三年的中考成绩进步、连续三年的第三方督导评估的优秀，再到同行、百姓的口碑，每一处，都在向平凡的夏湾中学教育者所做的贡献致敬，每一处都在见证"时光有我，夏中有我！"

家长段位制、亲子课程是夏湾中学崛起的起点，是夏湾中学结合校本实际突围的切入点，但，一定不是夏湾中学教育者在教育教学创新的终点。

新时代属于每一个夏湾中学教育者，而每一个夏湾中学教育者都是夏湾中学崛起的见证者、开创者、建设者。坚守在教辅岗位的夏湾中学服务者，默默印刷着大量的试卷、进行安全卫生维修工作；耕耘在讲台一线的夏湾中学教师，从精准集备，个人二次备课，到每一节课生态高效的"讲""练""评""思"落实，到分层辅导跟进学生个性成长，再到行政后勤挺起夏湾中学前行的脊梁，我们的无悔奋斗，是夏湾中学教育者深耕厚植的缩影。有梦想、有机会、有奋斗，一切美好，都由我们创造！这一大批优秀教师、家长志愿者、社区服务者，都是夏湾中学最宝贵的财富，是"爱与智慧"学校文化的传承者，是学校可持续发展的开拓者！

风风雨雨、奇迹发展、万紫千红，一切仍然是这样的亲切而明亮。而我们的日子，美好丰盈，已经不可同日而语。我们，已经进入了新夏湾中学时代！那是对生态高效拼搏奋斗的日子的告慰，是夏湾中学教育者万众一心的日子，是劳动者、献身者、学习者、歌唱者与战斗者的日子！我们把所有最难扛、最难忘、最奋斗、最沸腾、最春山开遍姹紫嫣红的日子都写入了这本书，并没有在意什么结构主义、人物典型、情节悬念、细节描写，我们的写作源头、写作信心只有一个——那就是对新夏湾中学时代的欢呼，对新夏湾中学的珍爱，对新夏湾中学的期待，对新夏湾中学梦的祝福！这是奋进的夏湾中学旋律，是辉煌的夏湾中学华章，由无数平凡而伟大的夏湾中学故事汇就。

2021年，我们还有很多硬仗要打，第三次转型任重而道远。幸福不会自己来敲门，越是在船到中流，人到半山的时候，我们越是要坚定奋斗的决心和信心，凝聚所有夏湾中学教育者的每一个"我"，共同努力，共同磅礴！在这三年的探索中，我们新一代夏湾中学管理者，基于对"师爱是师德的灵魂""没有爱就没有教育"等理念的思考，提出"大爱大智，生态高效"的治理理念，得到师生们的高度认同，从而构建了以"爱与智慧"为核心的学校文化体系。前承几代夏湾中学教育者的求索，后启一个校园的梦想，在这样继往开来的历史方位，我们只有承担起继续奋斗的时代使命，才能不辜负光荣与梦想！

这，也是夏湾中学家长段位制、亲子课程能实施的前提。庆幸的是，除了创新、突围，我们夏湾中学行政团队用写作、叙事等方式，于2020—2021学年寒假期间，共同完成了这本成长叙事的《以家长段位制亲子课程促家校融合的实践研究》。近三年，我们和孩子们、家长们一起写研学报告、读书心得、成长日志、小课题研究报告、微信推送文案、寒假暑假思考单，不仅仅是为了提高写作能力，更重要的是为了每天都过有故事、有意义的教育生活。我们用这种方式，记录我们一起走过、奋斗过的日子。我们和家长一样，愿意让孩子们回到原点，像野花一样生长；在成长过程中给予他们爱与自由，发展他们自信、自学、自食其力的精神品质；在孩子自由闯荡的过程中，逐步让他们建立起看得见和看不见的规则。在这段旅程中，我们和家长一起，看到了家校融合的教育力量所带给孩子们生命成长的惊喜，带给老师们专业发展的蜕变。这是一个不断完善自身、追求幸福的过程。在这里，教育生命绽放了绚丽的光芒。

　　而夏湾中学行政团队，已然深深明白，并一直践行——每次获得成功、取得殊荣后，需将其归零，为下一个高峰不断努力。只有这样，才能更好地向前，才能没有负重地前行。每一个夏湾中学教育者脚步坚定向前，夏湾中学教育愿景不断实现，这是每一个夏湾中学教育者的功劳，更是每一个夏湾中学教育者的幸运。每一个夏湾中学教育者，每一点平凡的努力，成就了不平凡的自己，也成就了不平凡的夏湾中学。

　　走向未来，每一个夏湾中学教育者都能激发"我有夏中，我是夏中人"的自豪感，秉持"夏中有我，守护有我"的责任感，坚守"大爱大智，生态高效"的"爱与智慧"的夏园精神与文化内核，我们就能风雨无阻，像创造家长段位制、亲子课程一样，创造更多精彩的教育故事，成就更加壮阔的夏湾中学！

　　让我们，像实施家长段位制、亲子课程一样，用传承、用反思、用创新、用奋斗、用坚忍，共同赢取夏湾中学美好的明天！

# 后 记

　　教育是一个系统工程，需要教育管理者科学合理统筹，需要教育工作者过硬的专业素养和对儿童、青少年成长规律的精准把握，需要家长充分理解和配合。就学校而言，如果总有家长投诉，势必会牵扯大量的时间和精力去处理，也必然会影响学校各项工作的正常开展。

　　夏湾中学，有过动辄被投诉的经历。有些投诉是合理的，有些则是无理的。无奈之下的解释、说明、处理，耗费了学校管理者的时间和精力，也引发学校管理层的深层次思考：如何将教育事业的重要组成部分——家长，转变为学校教育的助力？

　　夏湾中学的管理者是有爱的。他们想激发每一个孩子的兴趣爱好，想每一个孩子都有自己的专长；他们想办好学校，想尽办法提高教学质量，努力让每一个夏湾中学学子都能考上理想学校，以便在竞争越发激烈的社会中有更大的发展空间！

　　夏湾中学的管理者是有智慧的。他们在行政会上激烈讨论，集思广益；在中国期刊网、中国知网、文献中苦苦搜索，结合夏湾中学的教育教学实际，从2015级"夏中好家长"评选的实践，到夏湾中学家长学校的课程体系的构建，再到段位制管理的付诸实施，并以"家长学校段位制管理的实践研究——以珠海市夏湾中学为例"申报为"珠海市香洲区创建全国规范化家长学校实验区课题"的子课题，这一段历程的个中滋味，夏湾中学行政管理团队最为清晰。段位制最初由合格、优秀、卓越三个段位和各自要求的"五个一"组成，在实践过程中调整为"明德惟馨型""学习智慧型""健康活力型""美善儒雅型""劳动担当型""科技创新型"六个段位，于2020年2月开始实施。六个段位在基本"五个一"的基础上（①至少一周翻阅一次孩子全科的作业情况；主动和孩子良善交流，了解孩子的交友、心理等情况。②制定一份家规家训并落实。③至少读一本家庭教育类书籍。④至少一学期带孩子外出参加亲子交流活动一次。⑤至少参加一学期一次的家长入校或入社区志愿活动）再满足所申报段位的"两个一"。调整后的段位制包括范围更广泛，操作更灵活，更能凸显家长成长的方向。

为了家长学校段位制管理的高效落实，夏湾中学以培养德、智、体、美、劳全面发展的人为核心，建立了"爱与智慧"成长课程、"爱与智慧"活动课程、"爱与智慧"劳动实践课程、"爱与智慧"亲子课程等一系列比较完善的德育课程体系。"爱与智慧"成长课程包括德育常规课、分年级的主题教育；"爱与智慧"活动课程包括"两会三节"、社团活动、志愿者活动、明德大讲堂；"爱与智慧"劳动实践课程包括无尘校园·高效学习·有序生活劳动实践、参与传统节日实践活动、职业体验及生涯规划；"爱与智慧"亲子课程包括我的摊位我做主、我的美居我做主、春节传统文化亲子系列、最美家训、家书抵万金、家国情悦读行等。

"爱与智慧"德育课程体系的建立是艰辛的，它需要管理者不断思考，需要发动各部门、各学科、班级、家长、学生甚至社会力量一起参与。课程体系的建立是幸福的，因为校内外的活动增加了，师生的管理能力、动手能力得到锻炼了，家长对教育的认识、对学校各项活动的参与支持程度也提高了。家校融合程度达到了历史最高水平！

不知不觉间，夏湾中学家长学校段位制管理已运行两年多。以家长段位制亲子课程促进家校融合的教育理念已成为夏湾中学教师的一种共识，申报不同的段位渐渐成为夏湾中学家长的一种习惯，积极参加校内校外的各种校本亲子课程也成为夏湾中学学子的一种常态。

在教师乐教、学生好学、家长积极参与学校事务的良好教育生态已悄然形成的时候，如何提升教学质量、如何实现学校的第三次转型已成为夏湾中学管理者经常思考的问题。路漫漫其修远兮，夏湾中学将上下而求索。

邓云超

2021年2月23日